케르베로스

하데스의 지옥문을 지키는 개

Cerberus, The Dog of Hades

(1905)

케르베로스
하데스의 지옥문을 지키는 개

신화, 전설, 미술, 문학에 묘사된 케르베로스, 정령들, 지옥

모리스 블룸필드 외 지음
김성균 옮김

우물이 있는 집

〈지옥삼두견 케르베로스〉

이탈리아 화가 주세페 아르침볼도(Giuseppe Arcimboldo, 1526-1593)의 1585년작

일러두기

1. 이 책을 구성하는 제1~4편은 각각 다른 저자의 글인데, 각각의 출처와 저자약력은 이 책의 "번역자 서문" 제2절에 서술되었다.

2. 이 책에 수록된 도판들은 모두 번역자가 물색하여 삽입한 것들이다.

3. 이 책에 언급된 단행본은 『 』 소논문과 시詩는 「 」 정기간행물은 《 》, 미술작품은 < >로 표시되었다.

4. 이 책의 본문에 추가된 모든 번역자 각주는 【 】로 표시되었다.

차례

번역자 서문

1

서양의 그리스 신화, 로마 신화, 북유럽 신화와 설화들, 미술품들, 문학작품들뿐 아니라 인디아 신화와 이집트 신화에서도 개(犬)를 이른바 저승 ― 죽음의 세계, 사후세계, 내세, 내생 ― 과 연결하여 상상한 인간들의 관념이 발견된다.[1] 그리스 신화와 로마 신화에 나오는 케르베로스는 이런 관념을 인상적으로 예시하는 듯이 보인다. 저승 또는 지옥의 정문을 지키는 대가리 두 개 또는 세 개 또는 여럿을 가진 문지기개(수문견守門犬) 케르베로스는 서양에서 하데스나 플루토 Pluto 같은 저승제왕 또는 지옥신地獄神을 보좌하는 맹견이라고 상상되었다.

---

1   고구려 고분벽화나 신라의 고분에서 출토된 토기들에서 발견되는 개의 형상들도 개가 저승과 어떻게든 관련지어 상상되었다는 사실을 어느 정도 방증하는 듯이 보인다.

이런 상상과 관념은 개의 이중성격에서 파생한 듯이 보인다. 개는 어쩌면 지구상에서 야생성이나 야수성과 가축성을 겸비한 유일한 동물종일 것이다. 그러니까 개는 사실상 애완늑대나 반려자칼이나 가축여우일 수 있다. 사냥개, 경주견, 인명구조견, 마약감시견, 투견 따위도 개의 이중성격을 역력하게 예시한다. 개의 이런 이중성격은 인간의 상상력을 자극하여, 예컨대, 어스름(황혼녘과 새벽녘)을 가리키는 "개의 시간과 늑대의 시간 사이"² 같은 시간개념을 낳았을 뿐 아니라, 종래에는 낮과 밤, 해와 달, 삶과 죽음, 저승과 이승, 현세와 내세, 현생과 내생처럼 짝진 개념들에도 개를 결부하는 관념을 형성해온 듯이 보인다. 케르베로스를 위시하여 서양의 설화들과 문학작품들에 나오는 개들과 인디아 신화에 나오는 개들도(그리고 이 번역자 서문의 말미에 간략하게 인용된, 이집트 신화와 현대 문학작품 두 편에 나오는 개들도) 이렇게 짝진 개념들과 결부되는 개의 이중성격과 그것에서 파생하는 관념을 예시한다.

이 책의 제1편과 제2편은 바로 이런 개의 이중성격과 결부된 내생관념의 윤곽을 대략적으로나마 예시하는 글들이다. 비교신화학에 이바지하려는 제1편은 그리스로마 신화와 고미술품들 및 문학작품들에 나오는 케르베로스와 북유럽 신화와 인디아 신화에 나오는 비슷한 역할을 수행하는 개들을 고찰한다. 제2편은 범위를 더 넓혀서 서양의 신화들뿐 아니라 설화들에 등장하는 다양한 개의 모습

---

2 이 시간은 이른바 "개와 늑대의 시간"이라고 부정확하게 통칭되었다.

들이 고찰된다.

　그런데 개의 이중성격은 대체로 죽음 쪽으로 치우쳐 상상된 듯이 보인다. 케르베로스는 망혼들의 세계나 지하세계를 다스리는 하데스 또는 플루토의 개이다. 이 책의 제3편과 제4편에서는 바로 이런 케르베로스의 주인겸 서식지라고 여태껏 상상된 하데스 또는 플루토가 고찰된다. 서양에서 하데스 또는 플루토는 망인들의 혼령들, 즉 망혼들이나 망령들이 거주한다고 상상된 저승 또는 지하세계이다.[3] 그런데 흥미로운 사실은 하데스 또는 플루토도, 특히 장소場所로서 상상되면 개와 비슷하게, 이중성격을 다소나마 구비한다는 것이다. 왜냐면 그곳은 순전한 지옥이 아니라, 현생에서 선행했거나 선업善業하여 명복과 복락을 누리는 망혼들의 처소와, 현생에서 죄행罪行했거나 죄업罪業하여 징벌당하는 망혼들의 처소가 공존하는 장소이기 때문이다.

2

　이 책을 구성하는 이 네 단원의 출처와 저자는 각각 다음과 같이 간략히 소개될 수 있다.

제1편 케르베로스, 하데스의 개: 내생관념의 역사

3　유태교-기독교 신화에도 스올Sheol, 게헨나Gehenna(게힌놈Gehinnom), 아바돈(아밧돈)Abaddon 같은 지옥이나 지하세계가 나오고, 동양의 힌두교신화와 불교신화에서도 온갖 지옥이 언급된다.

이 단원은 미국 존스 홉킨스 대학교Johns Hopkins University의 산스크리트어 및 비교문헌학과 교수를 역임한 고전문헌학자 겸 비교신화학자 모리스 블룸필드Maurice Bloomfield(1855~1928)가 1904년 국제 철학 계간지《모니스트The Monist》에 발표했다가 1905년에 살짝 가다듬고 소제목들을 곁들여 단행본으로 펴낸 논저『케르베로스, 하데스의 개: 어떤 관념의 역사Cerberus, The Dog of Hades: History of an Idea』(Chicago: The Open Court Publishing Company; London: Kegan Paul, Trench, Trübner & Co., Ltd)의 완역본이다.

1855년 오스트리아 뷔엘스코⁴에서 태어난 모리스 블룸필드는 네 살 때 가족과 함께 미국으로 이주했다. 그의 부모는 유태인들이었고, 그의 부친은 이주하면서 자신의 성을 블루멘펠트Blumenfeld에서 블룸필드로 변경했다. 미국 동부의 도시들인 밀워키Milwaukee와 시카고Chicago에서 소년기를 보낸 모리스 블룸필드는 1871년 구舊시카고 대학교에 입학하여 1874년 졸업했다. 1877년 캘리포니아California주 남부의 퍼먼Furman 대학교에서 석사학위를 받은 그는 같은 해 가을부터 예일Yale 대학교에서 산스크리트어와 고전문헌학을 공부했고, 1879년 6월에 박사학위논문『리그베다에서 진행되는 명사형성名詞形成Noun-formation in the Rig-Veda』을 존스 홉킨스 대학교에 제출하여 철학박사학위를 받았다.

그리고 독일로 유학한 블룸필드는 베를린Berlin에서 1년간 알베르

---

4 Bielsko(빌리츠Bielitz): 이 도시는 1950년에 폴란드로 귀속되었다.

모리스 블룸필드(1920년)

히트 베버, 헤르만 올덴베르크, 하인리히 프리드리히 침머와 함께 인디아 문헌학을, 요한네스 슈미트와 함께 고전문헌학 및 비교문헌학을, 침머와 함께 켈트어Celtic를 공부했고, 1880년에는 라이프치히 Leipzig에서 에른스트 빈디슈와 함께 인디아 문헌학과 켈트 문헌학을, 게오르크 쿠르티우스, 카를 브루크만과 함께 고전문헌학 및 비교문헌학을, 아우구스트 레스킨[5]과 함께 슬라브어를 공부했다.

---

5 알베르히트 베버Albrecht Weber(1825~1901)는 독일 인디아학자 겸 역사학자, 헤르만 올덴베르크Hermann Oldenberg(1854~1920)는 독일 인디아학자, 하인리히 프리드리히 침머Heinrich Friedrich Zimmer(1851~1910)는 독일 인디아학자 겸 켈트어학자, 요한네스 슈미트Johannes Schmidt(1843~1901)는 독일 언어학자 겸 문헌학자, 에른스트 빈디슈Ernst Windisch(1844~1918)는 독일 인디아학자 겸 켈트어학자, 게오르크 쿠르티우스Georg Curtius(1820~1885)는 독일 문헌학자, 카를 브루크만Karl Brugmann(1849~1919)은 독일 언어학자 겸 인도유럽어학자, 아우구스트 레스킨

1881년 존스 홉킨스 대학교 제1대 총창 대니얼 코이트 길먼Daniel
Coit Gilman(1831~1908)으로부터 산스크리트어 교육을 맡아달라는
요청을 받고 귀국한 후부터 블룸필드는 산스크리트어 및 비교문헌
학 교수로 재직했다. 1890년 힌두교 경전 『카우시카 수트라Kausika
Sutra』를 편찬한 그는 비교문헌학과 비교문법뿐 아니라 아베스타
어Avesta語(젠드Zend: 고대 동부 이란어)와 리투아니아어Lithuania語
를 다년간 정기적으로 강의했다. 인디아 종교들에도 학문적 관심
을 쏟은 그는 1892년에 집필한 「불교 교리 및 윤리학의 핵심요소들
The essentials of Buddhist doctrine and ethics」과 「불교의 토대The foundation of
Buddhism」를 포함하는 관련 논문을 다수 발표했다. 1897년 『아타르
바베다 찬시집讚詩集Hymns of the Atharva-Veda』을 영역英譯하여 출간하
여 주목받은 그가 1899년 출간한 『아타르바베다와 고파타 브라마
나The Atharva-Veda and the Gopatha Brahmana』는 향후 오랫동안 관련 분야
의 표준전거가 될 만한 저서로 평가받는다. 더욱이 아타르바베다의
다양한 면면을 다룬 그의 많은 논문은 여러 후학의 학구열을 자극
했다. 이 분야에서 그가 이룩한 독보적 성과는 그를 세계에서 가장
탁월한 아타르바학자Atharvanist로 만들었다.[6] 1906~1907년 겨울에
그는 종교역사를 주제로 미국의 다양한 교육기관들을 순회하는 강
연을 7차례나 진행했고, 1908년에 이 강연들의 내용을 정리한 저서

August Leskien(1840~1916)은 독일 비교언어학자이다.

6 모리스 블룸필드의 제자들, 『모리스 블룸필드 기념논집Studies in Honor of Maurice Bloomfield』, Yale
   University Press, 1920, p. xx.

『베다의 종교The Religion of the Veda』를 출판했다. 이 저서는 영어로 집필된, 더 나아가 모든 언어로 집필된, 베다 종교 관련저서들 중 가장 탁월한 명저라고 평가된다.[7]

그렇게 강의와 연구에 전념하면서 대외학술활동에도 소홀하지 않은 그는 1902년 독일 함부르크Hamburg, 1905년 알제리Algiers, 1908년 덴마크 코펜하겐Copenhagen에서 개최된 국제 동양학자 회의 International Congresses of Orientalists에 존스 홉킨스 대학교 대표로 참석했고, 1911년에는 스코틀랜드 세인트앤드루스St. Andrews 대학교 개교 500주년 기념식에 존스 홉킨스 대학교의 축하사절로도 참석했다. 특히 그는 코펜하겐 국제 동양학자 회의에서 중대한 학술적 성과로 평가된 『베다 용어색인Vedic Concordance』(1907)의 저자로서 바바리아 왕립 학술원Royal Academy of Bavaria의 하디 상Hardy Prize을 수상했다.

그런 한편 1906년 미국 프린스턴Princeton 대학교의 개교 150주년 기념식에서 명예 법학박사학위를, 1908년 그의 모교 퍼먼 대학교에서 명예 법학박사학위를, 1916년 시카고 대학교의 개교 25주년 기념식에서 명예 인문학박사학위를 받은 그는 미국 동양학회American Oriental Society 부회장과 회장을 역임했고, 미국 철학학회American Philosophical Society 회원 겸 위원, 독일 동양학회German Oriental Society 회원, 미국 문헌학협회American Philological Association 회원, 종교역사학회

---

7 앞책.

Congresses on the History of Religions 국제위원회위원, 미국 영어철자법 단순화 학회American Simplified Spelling Society 자문위원회위원, 미국 국립 사회과학연구원National Institute of Social Sciences 회원, 프라하 보헤미아 학회Bohemian Academy of Prague 외국회원, 헬싱키 핀-우그리어파語派 학회Finno-Ugrian Society of Helsingfors 명예회원, 미국 예술과학 학술원American Academy of Arts and Sciences 특별회원이었으며, 언어학자로서도 역량을 인정받아 미국 언어학회Linguistic Society of America 제2대 학회장을 역임하기도 했다.[8]

1928년 6월 샌프란시스코San Francisco에서 별세한 모리스 블룸필드는 미국 신화학자 겸 문헌학자 겸 산스크리트어학자 윌리엄 드와이트 위트니William Dwight Whitney (1827~1894)와 함께 가장 걸출한 산스크리트어학자로 공인된다. 위트니가 산스크리트어학을 개척했다면 블룸필드는 산스크리트어학을 정착시켰다고 회자된다. 미국 고전학자 조지 멜빌 보울링George Melville Bolling(1871~1963)은 블룸필드는 "가장 걸출한 아타르바학자 겸 가장 우수한 베다 해석자"[9]였다고 극찬했다. 1930년에 출판된 그의 유작『베다 낱말들의 발음변화연구Vedic Variants』도 베다들에서 문제시된 낱말들의 발음형식들을 확인하여 해명했다고 찬사된다. 미국과 유럽의 산스크리트어, 인도유럽어, 언어학, 비교문헌학, 비교신화학 분야에서 기존의 학

---

8   그의 조카인 레너드 블룸필드Leonard Bloomfield(1887~1949)도 미국 구조언어학을 발전시킨 언어학자로서 유명하다.

9   조지 멜빌 보울링, 《랭귀지Language》제4호(1928), pp. 214-217.

문적 도그마나 유행을 벗어난 자유로운 학문적 태도를 견지했다고 평가받는 그는 진정한 문제들을 탐구하고 해결하려는 끈질기고 지성적인 학구정신의 본보기로서 기억된다.

제2편 개들의 신화, 설화, 문학작품

이 단원은 이탈리아 민속학자, 문인, 문학역사학자, 동양학자, 신화학자 안젤로 데 구베르나티스Angelo de Gubernatis (1840~1913)가 영어로 집필하여 1872년 런던에서 출간한 저서 『동물신화학 혹은 동물전설들Zoological Mythology or the Legends of Animals』 제2권(Trübner & Co.) "제1부 뭍짐승[10]들Part First. The Animals of the Earth"에 포함된 "제4장 개 Chapter VI. The Dog"(pp. 17~40)의 완역본이다.

1840년 이탈리아 북서부의 도시 토리노Torino에서 태어난 안젤로 데 구베르나티스는 그 도시에서 초중등학교를 졸업했고 독일 베를린에서 문헌학을 공부했다. 1862년 그는 이탈리아 피렌체Firenze 대학교의 산스크리트어 교수로 임용되었다. 그해에 러시아 사회주의자 겸 아나키스트 미하일 바쿠닌Mikhail Bakunin(1814~1876)의 조카와 결혼한 그는 바쿠닌의 사상에 흥미를 느껴 대학교를 휴직하고 러시아를 방문했고 이후 몇 년간 동유럽과 인디아까지 여행했다.

1867년 피렌체 대학교로 복직한 구베르나티스는 1891년에 로마의 라사피엔차La Sapienza 대학교로 부임했다. 그 기간에 루마

---

10 들짐승 또는 육상동물 또는 육지동물.

안젤로 데 구베르나티스(1900년 로마)

니아Romania 동양학자들과도 긴밀하게 교류한 그는 1878년에 피렌체에서 개최된 국제 동양학자 회의에 루마니아의 걸출한 작가 겸 문헌학자 보그단 페트리쳬이쿠 하쉬데우Bogdan Petriceicu Hasdeu(1838~1907)를 초청하여 의견을 나누었다. 루마니아 공주 겸 작가 도라 이스트리아Dora d'Istria(엘레나 귀카Elena Ghyca, 1828~1888)와도 절친했던 구베르나티스는 그녀의 협력을 받아 1867년 이탈리아 동양학잡지《리비스타 오리엔탈레Rivista orientale》를 창간했다. 1862년에는 문학잡지《이탈리아 레테라리아Italia letteraria》를 창간하기도 했던 그는 이 동양학잡지뿐 아니라《키빌타 이탈리아나

Civiltà italiana》(1869), 《리비스타 에우로페아Rivista europea》(1869), 《볼레티노 이탈리아노 데글리 스투디 오리엔탈리Bollettino italiano degli studii orientali》(1876), 《레부에 인테르나쇼넬레Revue internationale》(1883) 같은 잡지들도 창간했다. 그리고 『현대 작가인명사전Dizionario degli scrittori contemporanei』(1878~1789)과 『보편적 문학역사Storia universale della letteratura』(1883~1885)를 편찬한 그는 1887년에 이탈리아 신문 《조르날레 델라 소치에타 아시아티카Giornale della società asiatica》의 주간을 맡기도 했다.

동양학자 겸 신화학자로서 구베르나티스는 『인디아 소백과小百科 Piccola enciclopedia indiana』(1867), 『리그베다에 나오는 신神 인드라의 일생과 기적들La vita e i miracoli del dio Indra nel Rigveda』(1867), 『베다의 원천들Fonti vediche』(1868), 『13~16세기 동인디아를 여행한 이탈리아인들의 회상담Memorie intorno ai viaggiatori italiani nelle Indie orientali dal secolo XIII a tutto il XVI』(1867), 『인디아 서사시 및 경전 연구Studi sull'epopea indiana e su l'opera biblica』(1868), 『동물신화학 혹은 동물전설들』(총2권), 『인디아 고원지대 원주민의 생활Cenni sopra alcuni indianisti viventi』(1872), 『베다 신화 강의Letture sopra la mitologia vedica』(1874), 『(프리드리히) 막스 뮐러와 비교신화학Max Muller e la mitologia comparata』(1875), 『식물신화학 혹은 식물전설들La Mythologie des Plantes, ou Les Légendes du Règne Végétal』(제1권 파리, 1878; 제2권 밀라노Milano, 1882), 『인디아 고고학 강의Letture di archeologia indiana』(1881), 『인디아 방랑기Peregrinazioni indiane』(1887), 『비교신화학Mitologia comparata』(1887), 『단테와 인디아 Dante e l'India』(1889), 『이탈리아의 인디아 연구현황Gli studi indiani in Italia』(1891), 『기독교 이전시대와 이후시대의 서양에 알려진 불교 Le Bouddhisme en Occident avant et après le Christianisme』(1908) 같은 저서들을 펴냈다. 또한 그는 시인 겸 극작가로서도 뛰어난 작품들을 창작하여 노벨 문학상 수상자후보로 네 차례나 추천되었고, 1907년에는 이탈리아 시를 다룬 평론서도 출간했다. 그는 1913년 2월 로마에서 별세했다.

제3편 하데스와 망혼들의 왕국

이 단원은 미국 예술역사학자로서 보스턴 미술관 관장을 역임한 아서 페어뱅크스Arthur Fairbanks(1864~1944)가 1907년 펴낸 저서 『그리스와 로마의 신화: 문학에 끼친 영향The Mythology of Greece and Rome: Presented with Special Reference to its Influence on Literature』(New York: D. Appleton-Century Company)에 포함된 "제8장 하데스와 망혼들의 왕국Chapter VIII. Hades and the Realm of Souls"(pp. 225~245)의 완역본이다.

1864년 미국 북동부의 뉴햄프셔New Hampshire주 하노버Hanover에서 태어난 아서 페어뱅크스는 1866년 다트머스 칼리지Dartmouth College를 졸업하고 예일 신학대학Yale Divinity School과 유니언 신학대학원Union Theological Seminary에서 공부하다가 독일로 유학했다. 1890년 독일 프라이부르크Freiburg 대학교에서 철학박사학위를 받고 귀

아서 페어뱅크스

국한 그는 미시건Michigan 대학교, 예일 대학교, 다트머스 대학교에서 고전과목들을 가르쳤다. 1898~1899년에 그리스 아테네로 가서 그곳의 미국 고고학연구원에서 특별연구원으로 재직하다가 귀국한 그는 1년간 다트머스 대학교, 예일 대학교, 코널Cornell 대학교에서 강의했다. 1900년 아이오와Iowa 대학교의 그리스 문학 및 고고학과 교수로 임용된 그는 1906년 미시간 대학교의 그리스 및 그리스 고고학과에 교수로 부임했다.

1907년 미국의 3대 미술관 중 한 곳으로 유명한 보스턴 미술관의 고미술품 전담학예사로 부임한 그는 1908년부터 1925년까지 보스턴 미술관의 관장으로 재직했다. 그동안 보스턴 펜웨이 파크Fenway Park에 전시공간들을 신설하여 미술관의 외연을 넓히는 업적을 쌓은 그는 미국 고미술품수집자 겸 작가 에드워드 페리 워런Edward Perry Warren(1860~1928)과 고고학자 존 마셜John Marshall(1862~1928)을 설득하여 중요한 고미술품들을 보스턴 미술관에 기증시키는 수완도 발휘했다. 1925년 퇴임하여 매사추세츠 주 케임브리지Cambridge 에 거처를 마련한 아서 페어뱅크스는 다트머스 칼리지에서 학생들을 가르치며 노후를 보냈다. 다양한 고전학회와 학술협회의 회원으로도 활동한 그는 『사회학 입문Introduction to Sociology』(1896), 『그리스와 로마의 신화: 문학에 끼친 영향』(1907), 『그리스 종교 안내서 Handbook of Greek Religion』(1910), 『그리스의 신들과 영웅들Greek Gods and Heroes』(1915), 『그리스 및 에트루리아 도기유물 편람Catalogue of Greek and Etruscan Vases』(1928), 『그리스 예술: 유럽 예술의 토대Greek Art: the Basis of Later European Art (1933) 같은 저서들을 집필했다. 1944년에 그는 케임브리지에서 별세했다.

제4편 베르길리우스의 하데스 묘사법

이 단원은 미국 역사학자 겸 고전학자 아서 레슬리 키스Arthur Leslie Keith(1874~1942)가 《스와니 리뷰The Sewanee Review》(Vol. 30, No. 1, Jan., 1922, pp. 345~351)에 발표한 논문 「베르길리우스의 하데스 묘사법Vergil's Description of Hades」의 완역본이다.

아서 레슬리 키스

1874년 미국 인디애나Indiana주 그린카운티Greene County의 소읍 워싱턴Washington에서 태어난 아서 레슬리 키스는 미국 중동부의 니브래스커Nebraska주 링컨Lincoln에 위치한 니브래스커 대학교를 졸업했고, 1910년 박사학위논문 『호메로스에서 아이스킬로스까지 그리스 시에 나타난 웃음과 은유Simile and metaphor in Greek poetry from Homer to Æschylus』를 시카고 대학교에 제출하여 박사학위를 받았다.

이후 미국 중북부의 사우스다코타South Dakota 주립대학교에서 라틴어, 그리스어, 예술을 가르치는 교수로 재직한 그는 학생들의 학구열을 자극했고, 조교들의 존경뿐 아니라 일반인들의 존경까지 받

앞으며, 집필활동도 활발하게 전개했다. 그의 학문적 업적을 높게 평가한 미국 피베타카파 협회Phi Beta Kappa Society는 그에게 명예열쇠를 수여했다. 그는 1942년 사우스다코타 주 클레이카운티Clay County의 소도시 버밀리언Vermillion에서 별세했다.

3

고대 이집트 신화에 나오는 아누비스Anubis와 오시리스Osiris도 개와 저승 또는 지하세계의 이중성격을 연상시킨다. 아누비스는 케르베로스를 연상시키고 오시리스는 하데스를 연상시킨다.

독일계 브리튼 작가 겸 동양학자 겸 종교학자 프리드리히 막스 뮐러Friedrich Max Müller(1823~1900)의 아들이자 미국 동양학자 빌헬름 막스 뮐러Wilhelm Max Muller(1862~1919)의 저서[11]에서 오시리스는 다음과 같이 설명된다.

오시리스는 원래 이집트 북서부 나일Nile강 델타Delta(삼각주)에 있던 고대 도시 데드Ded(데두Dedu)에서 숭배된 지역신地域神이었다. 고대 그리스인들은 데드를 "오시리스의 집"을 뜻하는 부시리스Busiris로 지칭했다. 데드에 있던 색색가지 줄무늬들로 나뉜 원형돌기들로 장식된 이색적인 기둥은 오리시스의 상징이었다. 오시리스는 일찍부터 우주신宇宙神으로 숭배되었고, 태양의 상징 또는 하늘의 상징

---

11 빌헬름 막스 뮐러, 『이집트 신화Egyptian Mythology』(루이스 허버트 그레이Louis Herbert Gray 편찬, 『모든 민족의 신화 제13권: 이집트 신화와 인도차이나 신화The Mythology of All Races, Vol. XII: Egyptian, Indo-Chinese』, Marshall Jones Company, 1918).

<검은 신으로 묘사된 오시리스>
(빌헬름 막스 뮐러, 앞 책, p. 92)

으로 여겨지다가, 종래에는 가장 폭넓은 의미에서 '변동하는 자연'
을 상징하는 신으로 발달했다. 그리하여 오시리스는 '죽음' 같은 지
극히 중대한 변화들을 상징하는 신이 될 수 있었고, 망혼들의 수호
신 겸 지하세계(저승)의 제왕으로 발달할 수 있었으며, 부활과 새롭
고 영원한 삶(내생과 영생)을 주관하는 신으로까지 발달할 수 있었
다. 이런 부활, 내생, 영생을 주관하는 신의 개념 덕택에 오시리스는
그보다 더 일찍 존재했으되 부활을 바라는 희망과 무관해서 (고대
상上이집트 또는 이집트 남부에서 망혼들의 신이라고 믿긴 아누비

<하늘나무(천궁목天穹木) 속의 오시리스: 오벨리스크obelisk(방첨탑方尖塔) 사이에 서있는 신>
(이집트 박물관에 보관된 석관부조石棺浮彫의 모사화: 빌헬름 막스 뮐러, 앞 책, p. 93)

스를 제외하면) 망혼들의 지역수호신들로서 잔존하던 다양한 공동묘지의 신들을 압도하는 중요성을 획득했다.[12]

아누비스는 빌헬름 막스 뮐러의 저서에서 다음과 같이 설명된다.

아누비스(아누푸Anupu)는 원래 주로 가로누운 자세로 묘사된 검은 자칼이었다(개였을 수도 있는데, 왜냐면 늑대와 자칼과 개는 쉽게 분간될 수 없기 때문이다). 아누비스는 "아누비스의 산山

---

12 빌헬름 막스 뮐러, 앞 책, pp. 92-93.

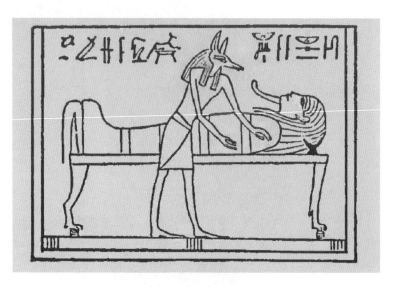

<미라mira 제작자 아누비스>
(빌헬름 막스 뮐러, 앞 책, p. 111)

에서" 어느 지역의 공동묘지를 다스렸다. 그 공동묘지는 고대 이
집트 제17노메nome(구역)의 퀴노폴리스Kynopolis(Cynopolis: 개의 도
시)에, 아니면 나일 강 델타에, 아니면 하下이집트(이집트 북부지
역) 제1노메에 위치한 고대 도시 멤피스Memphis 근처의 유적지에
있으리라고 추정된다. 그래서 아누비스는 적어도 상이집트에
서는 망혼들을 지하세계로 이어지는 캄캄한 저승길로 영도하는
일반적인 망혼영도신亡魂領導神이라고 믿긴 듯이 보인다.[13]
　한때 "암컷사냥개"로 호칭되기도 했던 아누페트Anupet는 퀴노

---

13 앞 책, pp. 110-111.

<오포이스>

폴리스에서 아누비스의 암짝 내지 여성형女性形이라고 믿겼다.[14]

　　"(사후세계, 지하세계, 저승, 명부로 가는) 길트는 자Opener of the Way(개도자開道者; 개로자開路者; 타로자打路者)"를 뜻하는 오포이스 Ophois(우프-우아트Up-uat 또는 우프-우아아우트Up-uaut)는 고대 이집트의 도시들인 뤼코폴리스Lykopolis(아시우트Assiut), 티스This, 사이스Sais에서 암컷늑대로 믿기며 아누비스와 자주 혼동되었다. 그리스의 통치를 받던 시대의 이집트인들은 아누비스의 상징동물을 늑대로 간주했는데, 아마도 그 시대에 아누비스를 상징한

14　앞 책, p. 131.

자칼은 가로누운 자세로 묘사되었지만 아누비스를 상징한 오포이스는 서있는 자세로 묘사되어서 그랬을 것이다. 오포이스의 호전적 특징들은 티스에서 숭배된 오포이스에서 파생했거나, 그를 묘사한 그림들의 하단을 장식하던 무기들에서 파생했거나, 오포이스라는 이름의 점성학적 해석들에서 파생했을 수 있다. 더 오래전에는 "남부南部 자칼"의 모습을 지녔다고 인식된 사이스의 오포이스는 "하이집트 왕을 수행한다." [15]

뱀-여신 퀘브헤트Qebhet(퀘브후트Qebhut)는 "아누비스의 딸"이었는데, 제10노메 인근에서 숭배된 지역신이었다. 이 여신의 이름 퀘브헤트("차가운 자the Cool One")는 일찍부터 그녀를 하늘 또는 물과 연결한 신화들을 생성시켰다.[16]

이집트의 『망자서亡者書The Book of the Dead』[17]에 [기록되었듯이] …… 이런 명복은 오직 그것을 누릴 만한 자격을 갖춘 영혼에게만 부여된다. 죄지은 망령들은 지하세계에 서식하는 온갖 악귀들한테 발각되거나 아니면 오시리스 왕국의 진입로들과 출입문들을 지키는 엄혹한 파수꾼들한테 발각되면 곧바로 척살된다. 사악한 망령들이 악귀들과 파수꾼들한테 발각되지 않고 재판소에 도달해도 제2처형을 선고받는다. 그런 유죄망령들은 무려 42가

---

15 앞 책, p. 144.

16 앞 책, p. 145.

17 이 책은 한국에서는 "이집트 사자死者의 서書"라는 제목으로도 알려졌다.

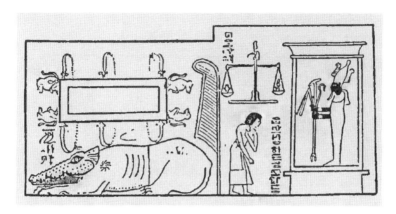

<오시리스 앞에 소환된 망혼, 심판저울, 화염호수, "포식괴물">
(빌헬름 막스 뮐러, 앞 책, p. 179)

지에 달하는 끔찍한 혹형酷刑을 받아서 순식간에 갈가리 찢겨버
릴 수 있다. 그렇지 않으면 오시리스의 흉포한 파수견把守犬 또는
"포식괴물捕食怪物(swallower)" 또는 "서쪽의 포식괴물swallower of the
west" — 악어, 사자獅子, 하마河馬의 혼합동물 — 이 유죄망령들을
잡아먹어버릴 수 있다. 유죄망령들은 불을 뿜어내는 괴룡怪龍 앞
에 내던져질 수도 있다. 그 괴룡은 영락없는 화룡火龍 아포프Apop
처럼 보인다. 그렇지 않으면 아누비스가, 아니면 토우트Thout라는
비비狒狒(개코원숭이)가, 유죄망령들을 이따금 (대체로 암퇘지처
럼 보이는) 추잡한 돼지들로 변신시켜 징벌장소인 "도살장"으로
끌어갈 것이다. 유죄망령들이 가야 할 종착지는 화염이 이글거리
고 독사들이 우글거리는 지옥, 아니면 일단 빠져들면 결코 헤어

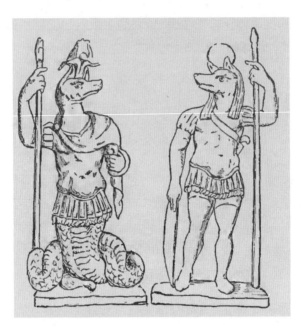

<알렉산드리아 인근 콤-에쉬-슈가파Kom-esh-Shugafa 지하묘지를 지키는 아누비스 석상과 오포이스 석상> (빌헬름 막스 뮐러, 앞 책, p. 241)

나지 못할 심연의 막장, 아니면 화염호수火焰湖水 또는 불뱀(화사 火蛇)처럼 꿈틀대는 화염들이 난무하는 호수, 아니면 펄펄 끓는 호 수, 아니면 각자의 (생명력을 간직한) 머리나 넋만 투입되어 소각 되면서도 그렇게 소각되는 자신의 머리나 넋을 봐야 하는 끔찍 한 불가마들이다. 그렇지 않으면 그들은 참수용 칼과 토막용 칼 로 무장한 악령들의 무리에게 내맡겨져 비참하게 처형당할 수밖

에 없다.[18]

　　이집트 북부해안도시 알렉산드리아Alexandria 인근의 어느 지
하묘지를 지키는 아누비스 석상과 오포이스 석상은 비슷한 형태
로 조성되었다. 둘 중 하나의 하반신은 뱀처럼 생겼는데, 이것은
지하세계의 뱀을 상기시키는 진기한 일례로 평가될 수 있다.[19]

　한국 소설가 박상륭(1940~2017)의 장편소설『칠조어론 1』에서도
개의 이중성격과 죽음 쪽으로 치우치는 특성뿐 아니라, 이집트 석
상에서 묘사된 바와 같은 개와 뱀의 신화적 유사성마저 인상적으로
묘사된다.

　　…… 그리고, 그 老狗[20]는 자기 손에 쥐어진 그 제자놈의 짤린
하초를 피범벅인 채로 울 너머에다 던져버린즉, 지나던 野狐[21]가
흠흠거리다, 한 입가심하고 말았다고, 헙씹데답. 허허, 헛, 허기는,
그 어리석은 젊은 놈이, 두려워해야 할 것이 있었다면, 그것은 '눈
썹'보다도 '거웃'이 아니었던가, …… 거웃을 돋과낸 자로서, 잘
못 소돔과 고모라[22]를 지난 자마다, 소금기둥이 돼버렸던 까닭입

18　앞 책, p. 179.

19　앞 책, p. 240.

20　노구: 늙은 개. 이 호칭은 노구老軀(늙은 육신), 노구老嫗(늙은 여자: 노파老婆)와 같은 의미로 쓰인다.

21　'野狐(야호)'는 '여우'의 한자어이다.

22　'소돔Sodom과 고모라Gomorrah'는 유태교-기독교 경전『창세기』제19장 제24~28절에서 시민들이 죄

습지. 거기, 저 거웃이 우거져 불꽃처럼 맹렬한 데에, 눈썹道의 두려움으로 내려다보는, 나라카[23]가 있습지. 모든 중력이 모이는 일점 — 물라다라[會陰].[24] (鍊金術師들에 의해) '해골'(이라는 암호를 입어, 그 의미가 은닉되어온.) 드룩년의 요니,[25] 그리고 또한, 魔羅[陰莖],[26] 드룩년의 '머리에서 자라오른 나무,' 한 발정한 우주적 암캐가, 한 독사(쿤달리니)[27]의 모습으로, 이 魔羅를 틀어 올라, 하늘의 蓮, 붉은 獅子를 물어삼키려 함. 한 얼굴에, 눈을 셋씩이나 해서 부릅뜨고, 오른손엔 날이 시퍼런 낫을 쥐어 제년의 머리 위로 쳐들어 올렸는데, 그 왼손엔, 사람의 더운 피가 철철 흘러넘치는 人頭骨을, 제년의 젖가슴에 받치고서, 오른다리를 구부려 쳐들어올리고, 왼발은, 송장의 가슴을 디뎌, 활짝 벗고 춤추는, 성숙한 동정

악을 심하게 범하여 야훼가 유황불로 멸망시켰다고 기록된 두 도시이다.

23 Naraka: 힌두교, 시크교Sikh敎(Sikhism), 자이나교Jaina敎(Jainism), 불교의 지옥 또는 지하세계를 뜻하는 이 낱말은 한국에서 '나락奈落'으로 번역되어왔다.

24 물라다라Muladhara는 '뿌리자리root place(원천/원처原處/근주根宙/근소根所)' 또는 회음會陰"을 뜻하는 산스크리트어이다.

25 '드룩Druk년'의 '드룩Druk'은 '뇌룡雷龍'을 뜻하는 티베트어이고, '년'은 '여자'를 낮잡아 이르는 의존명사이며, '요니Yoni'는 여성의 성기性器를 뜻하는 산스크리트어이다.

26 '魔羅(마라)'는 '죽음'을 뜻하는 산스크리트어 '마라mara'에서 유래한 한자어인데, 힌두교에서는 죽음신(사신死神)으로 믿기고 불교에서는 왕자 싯다르타(고타마 붓다/석가모니 붓다/불타/부처)를 유혹한 마귀로 믿긴다. 이런 의미로 박상륭은 마라를 陰莖(음경: 남성의 성기)으로 간주하는 듯이 보인다.

27 박상륭이 여기에 붙인 다음과 같은 각주는 특히 개와 뱀의 유사성과 관련하여 주목될 만하다.
『젠드아베스타Zend Avesta』에는, '개'와 '뱀'이 동속同屬의 동물들로 되어있는데, 왜냐면, 그 둘은 "앉을 때 먼저, 뒤를 틀어앉기 때문"이라는 것이다. (아마도 저 둘의, 同種性은, 더 [선연하게는], 鍊金術에서 찾아질 수 있을 것이다.) '쿤달리니Kundalini'는, 會陰에, 동면중多眠中의 독사모양 또아리쳐 있는, 샥티Shakti(우주적 陰力: "샥티를 데불지 못하면, 루드라Rudra나, 비슈누Vishnu나, 브라흐마Brahma도, 말하자면 송장과 같다.")로서, "갈대처럼 속이 빈, 가느다란 명주실과 같다"고 이른다. (같은 문장에 나오는, 붉은 사자는, 日曆, 또는 月曆과 관계된 '여름' '해'의 상징인 것은 알려졌을 터이다.)
여기서 '루드라'는 힌두교에서 바람과 폭풍과 사냥을 주관하는 신이고, '비슈누'는 '창조신 브라흐마 또는 브라마'와 '파괴와 변신을 주관하는 신 쉬바Shiva'를 아우르는 동시에 '보존과 존속'을 주관하는 힌두교 최고신이다.

30   케르베로스

녀, 열여섯 살, 머리 장식은 다섯의 마른 人頭骨로 했으며, 피를 뚝
뚝 흘리는, 쉰흔 개의 人頭骨을 끈에 꿰어서는 목걸이를 하고 있
는 년. 그러자 검은 송장의 하초가, 그 춤에 좇아 뻐등히 꼴려올라,
저 巫女의 요니를 뚫어오름. 송장 먹는 암캐. "상사라와 니르바나
가 둘이 아님! 다르지 않음." 해가 지고 있었던갑? ⋯⋯.[28]

프랑스 철학자 겸 작가 알베르 카뮈Albert Camus (1913~1960)의 유
명한 소설 『이방인L'Étranger』(1942)에서 다소 우스우면서도 애잔하
게 묘사된 개와 노인의 관계도 개의 이중성격과 죽음의 내연관계를
인상적으로 암시한다.

⋯⋯ 늙은 살라마노Salamano는 거의 언제나 개와 함께 있었다.
둘은 8년간 한시도 떨어지지 않았다. 살라마노가 기르는 더럽고
사나운 스패니얼 종 개는 피부병을 앓았는데, 아마도 그 병은 옴
이었을 것이다. 하여간 그 개의 대가리털은 몽땅 빠졌고 몸통에
는 옴딱지가 다닥다닥했다. 노인은 비좁은 방에서 개와 동거해서
그랬는지 영락없이 개를 닮아버렸다. 노인의 가늘고 성긴 머리카
락들은 노리끼리했고 그의 얼굴에는 불그레한 저승꽃들이 폈다.
개도 노인의 구부정하고 별난 걸음걸이를 배워서 닮았는지 언제
나 주둥이를 잔뜩 내밀고 땅바닥에 코를 박듯이 걸었다. 그런데

---

28   박상륭, 『七祖語論 1: 제1부 中道[觀]論(Madhyamika) · 1』(文學과知性社, 1990), pp. 20-21, 405.

희한하게도 둘은 그토록 닮은 만큼이나 서로를 지독히 혐오한다.

하루에 두 번씩, 오전 11시와 오후 6시에 노인은 개를 데리고 산책한다. 8년간 날마다 둘의 산책은 어김없이 반복되었다. 그때 마다 리옹의 보행로에서는 개가 자신의 주인을 힘껏 끌어간다. 하지만 끌려가는 노인이 발을 헛디뎌 거의 꼬꾸라질 뻔하면 개를 때리며 욕지거리를 퍼붓는다. 겁먹은 개가 꼬리를 말고 뒷걸음 질하면 이번에는 주인이 개를 끌어간다. 그러면 개는 자신의 처지를 금세 까먹고 주인을 추월하여 다시 끌기 시작하지만, 곧장 다시 매질당하고 더 심한 욕지거리를 얻어먹는다. 그러다가 보행로에서 문득 마주선 노인과 개는 말없이 서로를 응시한다. 개의 눈에는 공포심이 서렸고 노인의 눈에는 증오심이 서렸다. 둘이 산책할 때마다 이런 장면이 연출된다. 개가 전봇대에 오줌이라도 쌀라치면 늙은 악동은 개의 목줄을 사정없이 끌어당겨버리는데, 불쌍한 개는 질질 끌려가면서도 오줌방울을 지린다. 더구나 노인의 방안에서 개가 오줌을 싸면 또 흠씬 두들겨 맞을 것이다.[29]

---

29 카뮈, 『이방인』 제1부 제3장.

제1편

케르베로스, 하데스의 개
내생관념의 역사

프리드리히 막스 뮐러[1]를 추억하며

1 【Friedrich Max Müller(1823~1900): 한국에서는 소설 『독일인의 사랑Deutsche Liebe』(1857)을 집필한 작가
로 유명한 뮐러는 독일계 브리튼 동양학자 겸 종교학자이자 문헌학자 겸 번역가로도 유명하다. 『종교과학입
문Introduction to the Science of Religion』(1873)을 비롯하여 많은 저서를 집필한 그는 특히 총 50권으로 구
성된 『동양종교경전선집Sacred Books of the East』(1879~1910)을 편찬했고 이 선집의 제1권을 직접 영역
英譯했는데, 모리스 블룸필드는 이 선집의 제42권을 영역했다. 뮐러와 블룸필드는 한 번도 직접 만나지는 않
았지만 편지를 주고받으면서 돈독한 우정관계를 끝까지 유지했다.(모리스 블룸필드의 제자들, 『모리스 블룸
필드 기념논집Studies in Honor of Maurice Bloomfield』, Yale University Press, 1920, p. xviii 참조.)】

　이 그림은 고대 그리스에서 제작된 도기의 겉면에 그려진 도기
화陶器畵이다. 독일 고전문헌학자 아우구스트 바우마이스터August
Baumeister(1830~1922)의 저서 『그리스인들과 로마인들의 생활, 종교,
예술, 풍습을 예시하는 기념비적 고대문물들Denkmaeler des klassischen
Altertums zur Erlaeuterung des Lebens der Griechen und Roemer in Religion, Kunst
und Sitte』 제1권(1886, p. 663, 730번 도판)에 수록된 이 도기화에는 왼
쪽부터 각각 그리스 여신 아테나, 남신 헤르메스, 남신 헤라클레스,
여신 페르세포네[2]가 묘사되었다. 이 도기화의 주제는 헤라클레스

---

2 【그리스 신화에서 천신天神 제우스Zeus의 딸 아테나Athena(팔라스Pallas=미네르바Minerva)는 지혜, 공예기
　술, 전쟁을 주관하는 여신이고, 제우스와 뇜페nymphe(요정) 마야Maia의 아들 헤르메스Hermes(메르쿠리우스
　Mercurius=머큐리Mercury)는 목축인(양치기), 도둑, 상인, 전령사, 외교관 밀정, 첩자의 수호신이자 망혼亡魂들
　을 하데스로 데려가는 망혼선도신亡魂先導神이며, 제우스와 인간여자 알크메나Alcmena(알크메네Alcmene)

가 열두 가지 영웅과업 중 하나를 완수하는 광경이다. 오른손으로 몽둥이를 거머쥐고 자신의 머리 위로 치켜든 헤라클레스는 쌍두雙頭 케르베로스의 오른쪽 대가리 아래턱(우두하악右頭下顎)에 쇠줄(혹은 밧줄)을 꿰어 왼손으로 잡아당기며 하데스에서 케르베로스를 끌어낸다.[3] 이오니아양식Ionia樣式을 띠는 돌기둥은 하데스의 궁궐대문(또는 입구)을 암시한다. 헤라클레스는 케르베로스를 하데스의 궐문 밖으로 끌어낼 참이다. 하데스의 궁궐을 나온 페르세포네는 케르베로스를 몽둥이로 내리치려는 헤라클레스의 폭행을 저지하려는 듯이 보인다. 어쩌면 헤라클레스가 페르세포네를 위협하는 듯이도 보이지만, 헤르메스가 자신의 방호무기 또는 진압무기로써 헤라클레스를 위협하는 듯이도 보인다. 헤라클레스의 반대편으로 고개를 돌린 아테나는 자신이 돕는 헤라클레스를 승차시키는 즉시 출발할 준비태세를 갖춘 자신의 전투마차를 끄는 네 마리 군마軍馬 앞에 서있다. 아테나의 방패에 새겨진 독수리문양은 헤라클레스가 영웅과업을 완수할 것이라고 예표豫表한다.

의 아들 헤라클레스Heracles는 유명한 열두 가지 영웅과업을 완수하는 막강한 근력과 정신력을 상징하는 반신반인半神半人이고, 제우스와 농업여신農業女神(수확여신收穫女神) 데메테르Demeter의 딸 페르세포네 Persephone(처녀명은 코레Kore 또는 코라Cora)는 하데스에게 납치당해서 결혼한 지하세계의 여왕이다.】

3 【이것이 헤라클레스의 제12영웅과업인데, 미국 작가 토머스 불핀치Thomas Bulfinch(1796~1867)는 『불핀치 신화집Bulfinch's Mythology』(New York: Thomas Y. Crowell Company, p. 147)에서 다음과 같이 기록한다. "이제 우리가 살펴볼 [헤라클레스의] 최종과업은 지하세계에서 케르베로스를 끌어내는 것이었다. 헤라클레스는 헤르메스와 아테나와 함께 지하세계로 내려갔다. 사나운 괴물 케르베로스가 아무리 거세게 저항하더라도 헤라클레스는 무기를 전혀 사용하지 않고 케르베로스를 지상으로 끌어낼 수 있다고 플루토(하데스)에게 장담했다. 이윽고 그리할 수 있으면 해보라는 플루토의 허락을 받아낸 헤라클레스는 케르베로스를 포획하여 티륀스Tiryns의 왕 에우뤼스테우스Eurystheus 앞으로 끌고 가서 확인시킨 다음에 플루토에게 돌려보냈다."】

고대 그리스 도공陶工 에욱시테오스Euxitheos(서기전 6세기 후반~5세기 초반)가 서기전 515년경 제작한 도기의 겉면에 도기화가陶器畫家 에우프로니오스Euphronios(서기전 535경~470 이후)가 그렸다고 알려진 이 도기화에서 왼편의 휘프노스Hypnos(Somnus솜누스: 잠)와 오른편의 타나토스Thanatos(죽음)는 트로이Troy(트로이아Troia) 전쟁에서 전사한 트로이 영웅 사르페도노스Sarpedonos의 하반신과 상반신을 각각 부축하여 운반하고, 중앙의 헤르메스는 사르페도노스의 시체와 나란히 걸으면서 시체를 살핀다.

1. 하데스의 궐문을 지키는 케르베로스

　　망혼선도신[4] 헤르메스를 뒤따라 플루토(하데스) 왕국으로 들어가는 망혼들은 "박쥐들처럼 연신 찍찍거리며, 음습한 굽잇길들을 내려가서, 오케아노스의 하천들을 건너고, 태양의 관문들을 통과

---

4 【망혼 ― 망인亡人(죽은 인간, 사망자, 망자亡者)의 영혼이나 혼령魂靈 또는 망령亡靈 ― 을 이승(이세상, 지상세계, 현생現生, 현세現世)에서 저승(저세상, 지하세계, 내생來生, 내세來世, 명부冥府, 명계冥界, 황천黃泉)으로 데려가는 망혼향도신亡魂嚮導神, 망혼인도신亡魂引導神, 망혼안내신亡魂案內神, 저승차사差使. 각주2)번 곁들여 참조.】

하여 몽환夢幻들의 땅을 지나서, 하데스의 음지에 펼쳐진 아스포델5 군락지에 도달하는데, 그곳에는 초췌한 망혼들과 유령들이 거주한다." 고대 그리스 시인 호메로스Homeros(서기전 8세기 후반~7세기 초반)의 서사시『오디세이아』제24권의 서두는 이렇게 시작된다.

후대의 시인들은 아케론의 강변나루터에는 망혼들을 기다리는 냉혹한 뱃사공 카론6이 있다고 노래했다. 카론은 오직 이승에서 뱃삯(저승노잣돈)을 입에 물고 때맞춰 온전하게 매장된 망인들의 혼령만 자신의 나룻배에 탑승시켜 아케론 건너편의 저승으로 데려간다.

'때맞춰 온전하게 매장되어야 한다'는 이 요건을 미비한 망혼들은 카론의 나룻배에 탑승하지 못하고 아케론의 강변나루터에 남아서 박쥐들처럼 연신 찍찍거릴 따름이다. 널따란 대문을 갖춘 플루토의 궁궐에는 망혼들이 북적인다. 궁궐의 문지기개(수문견) 케르베로스는 대문 앞에 도착하는 새로운 망혼들을 때로는 꼬리치며 맞이하거나 때로는 으르렁거리며 위협하지만 대문을 나서려는 망혼들에게는 언제나 무섭게 짖어댄다. 하데스로 들어가야 할 망혼들은

---

5 【고대 그리스와 로마에서 오케아노스Okeanos(오게노스Ogenos)는 세계를 감싸고 흐르는 거대한 강이나 바다를 상징하는 신이라고 믿겼는데, 대양大洋을 뜻하는 영어 오션Ocean의 어원이기도 하다. 그래서 '오케아노스의 하천들'은 '오케아노스에서 발원하여 지상세계와 지하세계를 가로질러 흐르다가 오케아노스로 흘러드는 하천들'을 가리킨다. 아스포델asphodel은 흰색·노란색·분홍색 꽃을 피우는 다년생 화초류花草類인데, 서양 문학작품들에서는 수선화水仙花의 별명으로 쓰이곤 한다.】

6 【탄식강歎息江(The River of Woe)으로도 알려진 아케론Acheron(아케루시오스Acherusios)은 그리스 신화에서 지상세계(이승, 현생現生, 현세現世)와 지하세계(저승, 명부, 지옥)를 가로질러 흐르는 5대강五大江의 하나이다. 나머지 4대강은 스틱스Styx(원한강恕恨江), 플레게톤Phlegethon[퓌리플레게톤Pyriphlegethon: 불강(火江), 화염강火焰江, 염열강炎熱江], 레테Lethe(망각강忘却江), 코퀴토스Kokytos(Cocytus: 통곡강慟哭江)이다. 카론Charon(Kharon)은 이승을 떠난 망혼들을 자신의 나룻배에 태우고 스틱스와 아케론을 건너 저승(하데스/플루토)로 수송하는 뱃사공이다.】

<지옥의 뱃사공 카론>
이탈리아 시인 단테Dante(1265~1321)의 「지옥Inferno」(『신곡Divina Commedia』)에 수록
된 프랑스 화가 귀스타브 도레Gustave Dore(1832~1883)의 삽화

<날개와 뱀다리(사족蛇足)를 겸비한 튀폰을 겨냥하여 번개를 발사하려는 제우스>
그리스 동부해안도시 칼키다Chalkida(칼키스Chalcis)에서 발견된 서기전 540~530년에
제작된 이 도기화에 묘사된 튀폰은 케르베로스의 생부(生父)라고 전설된다

꿀과자 — 케르베로스의 간식[7] — 를 배급받는다. 호메로스는 이 개
의 이름도 명시하지 않고 생김새도 묘사하지 않는다. 그는 다만 헤
라클레스가 타고난 신력神力을 증명하느라 하데스의 무시무시한
왕궁에서 하데스의 개를 포획해야 하는 중요한 최종시험을 치렀다
고만 언급할 따름이다.[8] 그 개의 이름이 케르베로스Kerberos라는 사
실을 발견한 첫째 인물은 고대 그리스 시인 헤시오도스Hesiodos(서기
전 8세기 후반~7세기 초반)였고 둘째 인물은 고대 이탈리아 출신 그

---

7 【the sop to Cerberus: 케르베로스를 달래는 먹이 또는 뇌물.】
8 호메로스, 『일리아스』 제8권 368행; 『오디세이아』 제11권 623행.

<아폴로도로스가 묘사한 케르베로스의 재현화再現畵>
피어슨 스콧 포스먼 문서보관소Archives of Pearson Scott Foresman

리스 서정시인 스테시코로스Stesikhoros(서기전 630~555)였다. 스테
시코로스는 그 개를 다룬 시 한 편을 지은 듯이 보인다. 헤시오도스
는 케르베로스라는 그 개의 이름뿐 아니라 케르베로스의 혈통마저
언급한다.[9] 튀폰과 에키드나[10] 사이에서 태어난 케르베로스는 불가
항력적인 엄청난 괴력과 흉포한 외모를 겸비한 육식괴물이자 언제
나 굶주린 듯이 먹잇감을 게걸스럽게 탐하고 끔찍한 괴성을 터뜨리
며 짖어대는 대가리를 50개나 가진 지옥견地獄犬이었다.

9　헤시오도스, 『신들의 계보(테오고니아)Theogonia』 311행 이하 및 769행 이하.

10　【튀폰Typhon(튀푀우스Typhoeus, 튀파온Typhaon 튀포스Typhos)은 그리스 신화에서도 가장 무섭게 묘
　　사되는 거대한 괴물뱀이다. 그리스어로 '암컷독사毒蛇' 또는 '살모사'를 뜻하는 에키드나Echidna는 아름
　　다운 여인의 상반신과 뱀의 하반신을 겸비한 반녀반사괴물半女半蛇怪物이다.】

고대 그리스 철학자 플라톤Platon(서기전 428~347)은 『국가Politeia』에서 케르베로스의 타고난 복합성을 언급한다.[11] 후대인들에게 익숙한 대가리 세 개(삼두三頭), 용꼬리(용미龍尾), 꿈틀거리는 뱀들을 가득 붙인 등(背)을 겸비한 케르베로스는 고대 그리스에서 서기전 2세기에 활동한 신화작가 아폴로도로스Apollorodprus(서기전 130경~87)가 처음으로 묘사한 것이다.[12]

그러나 분명히 고대 그리스인들은 케르베로스의 대가리는 여럿이었다고 무람하게 추정했을 것이다. 그들의 조각품들과 도기화들은 이런 추정을 뒷받침해줄 증거들이다.

2. 고대 미술품들에 묘사된 케르베로스

대단히 많은 고대 미술품에 케르베로스가 묘사되었다. 그러나 고대 미술품들에 묘사된 케르베로스의 모습들은 고대 그리스 및 로마 시인들의 문학작품들에 묘사된 모습들보다 훨씬 더 다양하다. 하데스를 주제로 삼거나 하데스의 면면들을 주제로 삼은 조각품들, 석관표면부조石棺表面浮彫들, 도기화들에 주로 묘사된 케르베로스는 사나운 그리스 목양견牧羊犬이다. 이따금 그 개의 등에는 뱀들이 가득

---

11 플라톤, 『국가』 588c.【여기서 "588c"는 16세기 프랑스 고전학자 겸 출판업자 헨리쿠스 스테파누스 Henricus Stephanus(앙리 에티엔Henri Estienne, 1528~1598)가 출판한 『국가』에 표기된 쪽수(아라비아숫자)와 문단(알파벳)을 나타낸다.】

12 아폴로도로스, 『신화집Bibliotheca』 제2권 제5장 제12절 이하.【제임스 조지 프레이저James George Frazer(1854~1941: 스코틀랜드 인류학자) 역주譯註, 『아폴로도로스 신화집Apollodorus: The Library』 (London : W. Heinemann, 1921), pp. 233, 237 참조. 아폴로도로스는 튀폰과 에키드나가 케르베로스뿐 아니라 대가리 두 개를 가진 쌍두견雙頭犬 오르토스Orthos도 낳았다고 기록했다.】

보르게세 별장의 <삼두 케르베로스를 대동하고 왕좌에 앉은 플루토의 조각상>의 모사화

붙어서 꿈틀거리고 엉덩이에는 개꼬리가 아닌 뱀이 달려 있기도 하지만, 몸통에 달린 대가리의 수는 전혀 확정되지 않는다. 아우구스트 바우마이스터의 『그리스인들과 로마인들의 생활, 종교, 예술, 풍습을 예시하는 기념비적 고대문물들』에 수록된 도판들에서 쉽게 확인될 수 있듯이, 대체로 케르베로스는 문학작품들에서처럼 미술품들에서도 대가리 세 개를 가진 삼두견으로 묘사되곤 한다. 보르게세 별장[13]에 있는 '삼두 케르베로스를 대동하고 왕좌에 앉은 플루토'의 조각상은 대단히 유명하다.[14]

고대 그리스에서 제작된 어느 스카라바유스[15]의 장식화에도 카론의 나룻배가 묘사되었다. 그 장식화 속에서 한날한시에 사망한 연애남녀 또는 부부는 카론의 나룻배를 타고 강을 건넌다. 그들이 도착한 스틱스의 맞은편 강변에는 삼두 케르베로스가 기다리는데, 여자는 그 개를 무서워하는 듯이 보이고, 남자는 여자를 부축하며 안심시키는 듯이 보인다.[16]

또한 이탈리아 남서부의 해안도시 나폴리Napoli(Naples)에는 자신의 양손으로 뱀을 한 마리씩 움켜잡아 교살하며 씩 웃는 꼬마 헤라

---

13 【Villa Borghese: 이탈리아 가톨릭주교 스키피오네 보르게세Scipione Borghese(1577~1633)의 구상도 構想圖를 바탕으로 이탈리아 건축가 플라미뇨 폰쵸Flaminio Ponzio(1560~1613)가 로마의 피니큐스 언덕Mons Pincius에 건축한 이 별장은 '피니큐스의 보르게세 별장Villa Borghese Pinciana'으로도 지칭된다.】

14 아우구스트 바우마이스터, 『그리스인들과 로마인들의 생활, 종교, 예술, 풍습을 예시하는 기념비적 고대문물들』 제1권, p. 620(690번 도판).

15 【scarabaeus: 원래 고대 이집트에서 불멸하는 인간영혼을 상징하던 똥풍뎅이 모양으로 제작된 부적이나 봉인용 인장印章인데, 이것의 모조품이 고대 그리스에서도 많이 제작되었다고 알려졌다.】

16 바우마이스터, 앞 책, p. 379(415번 도판).

<카론의 나룻배, 삼두 케르베로스>
그리스 스카라바유스 장식화의 모사화

클레스 청동조각상이 있다. 그런 꼬마 헤라클레스를 떠받치는 원통
형 기단의 측면에는 훗날 헤라클레스가 완수할 열두 가지 영웅과업
들 중 여덟 가지가 부조되었다.

그 부조들 중 하나에는 하데스에서 쌍두雙頭 케르베로스를 밧줄
로 묶어서 끌어내는 헤라클레스가 묘사되었다.[17] 헤라클레스의 열
두 가지 영웅과업 중 최후에 완수된 이 과업은 고대 그리스 도기화
들의 단골주제이다. 그런 도기화들 속에서 헤라클레스는 언제나 헤

17 앞 책, p. 653(721번 도판).

뱀을 교살하는 꼬마 헤라클레스 청동조각상의 모사화

<아폴론, 아테나, 케르베로스, 헤라클레스, 헤르메스>
게르하르트의 『고대 그리스 도기화 선집』에 수록된 130번 도기화

르메스나 아테나와 함께 묘사되고, 호메로스가 정확하게 묘사하지
못했을 정도로 기괴하게 생긴 개는 언제나 쌍두견雙頭犬으로 묘사된
다. 그런 도기화의 구도는 독일 고고학자 프리드리히 빌헬름 에두
아르트 게르하르트Friedrich Wilhelm Eduard Gerhard(1795~1867)의 『고대
그리스 도기화 선집Auserlesene griechische Vasenbilder』 제2권에 수록된
130번 도판과 131번 도판에서도 발견된다.[18]

그것보다 훨씬 더 정형화된 화법으로 그려진 쌍두 케르베로스는
미국 고고학자 리처드 노턴Richard Norton(1872~1918) 교수가 프랑스

---

18   앞 책, p. 663(730번 도판).【바우마이스터의 730번 도판과 게르하르트의 131번 도판은 동일한 것이다.
그리고 130번 도판의 맨 왼쪽에 묘사된 아폴론Apollon(아폴로Apollo)은 고대 그리스와 로마에서 음악,
진실, 예언, 빛, 전염병, 시詩를 주관한다고 믿긴 태양신이다.】

<아테나, 헤라클레스, 케르베로스>
리처드 노턴이 모사한 고대 그리스 암포라 도기화

루브르Louvre 박물관에서 모사한 암포라 도기화[19]에서 발견된다. 이
쌍두 케르베로스의 두 이마에는 각각 몸통을 세우고 꿈틀거리는 뱀
이 한 마리씩 붙어있다. 케로베로스를 향해 몸을 굽힌 헤라클레스
는 튜니카[20]를 입고 사자가죽을 걸쳤으며 양어깨에 각각 활과 화살
통을 맸고 왼쪽허리에는 검을 찼다. 왼손으로 쇠사슬을 움켜쥔 헤
라클레스는 오른손을 뻗어 케르베로스를 달래려는 듯이 보인다. 헤

---

19 《아메리칸 저널 오브 아키올러지American Journal of Archeology》, Vol. XI, p. 14(12번 도판, p. 15).
   【여기서 "훨씬 더 정형화된 화법畵法"은 고대 그리스 도기화가 안도키데스Andokides(서기전 530~515년
   경에 주로 활동)의 화법이고, "암포라amphora"는 두 족자리(양손잡이)가 달린 고대 그리스 및 로마의 도
   기항아리 또는 도기그릇이다.】
20 【tunic: 고대 지중해 연안 국가들의 남녀들이 입던 기본 의복. 고대 그리스에서는 키톤khiton(chiton)이라
   고도 지칭되었다.】

라클레스와 케르베로스 사이에 위치한 나무에는 헤라클레스의 몽둥이가 비스듬히 기대어져 있다. 헤라클레스의 뒤에는 아테나가 서 있다.

3. 고대 로마와 근대 서양의 문학작품들에 묘사된 케르베로스

어쨌거나 고대 그리스의 문학도 미술도 케르베로스의 외모나 본성을 실제로 확정하지 않은 듯이 보인다. 그 개의 외모나 본성을 확정하는 과업은 고대 로마 시인들의 몫으로 남았을 것이다. 그들은 그 개의 몸통에 달린 대가리의 수 혹은 그 개의 몸통 하나에 총합된 개몸통의 수를 최종적으로 확정했다. 그 개는 "대가리 세 개를 가진"을 뜻하는 트리켑스triceps, "삼겹(삼중三重)"을 뜻하는 트리플렉스triplex나 테르게미누스tergeminus, "몸통 세 개를 겸비한"을 뜻하는 트리포르미스triformis, 아니면 단순히 트리케르베로스Tricerberos(삼두 케르베로스)로 지칭되었다.

고대 로마 시인 티불루스Tibullus(서기전 55경~서기전 19)는 "그 개는 대가리 세 개와 혀 세 개를 겸비했다cui tres sint linguoe tergeminumque caput"고 확언한다. 시인 베르길리우스Vergilius(서기전 70~서기전 19)의 서사시 『아이네이스Aeneis』 제6권 제417행에서는 "거대한 케르베로스가 아가리 세 개를 벌리고 짖어댄다"고 묘사된다. 시인 오비디우스Ovidius(서기전 43~서기 18)의 『변신담變身談Metamorphoses』 제10권 제21행에서 오르페우스는 사랑하는 아내 에우뤼디케를 찾아 타르타로스로 내려가면서 "나는 '메두사가 낳은 괴물'의 뱀북숭이[21] 모가지 세 개를 사슬로 묶으려고 내려가지는 않는다"고 선언한다. 이런 의미에서 케르베로스의 직책도 언제나 정해져 있다. 그 개는 오르쿠스의, 아니면 스틱스나 레테의, 아니면 암흑왕국의 사납고 대담무쌍하며 잠시도 방심하지 않는 문지기개(야니토르janitor) 또는 감시견(쿠스토스custos)이다.[22] 그리하여 그 개는 근대 시인들에게도 영감을 주었다. 이탈리아 시인 단테는 베르길리우스를 본받아 그 개를 다음과 같이 묘사한다.

우리를 발견한 거대한 벌레 같은 케르베로스가

아가리들을 벌리고 송곳니들을 드러내며 으르렁거리자

나의 인도자는 양손으로 땅바닥의 흙을 한가득 긁어모으더니

그 아가리들의 굶주린 목구멍들 속으로 내던졌다.[23]

---

21 【오르페우스Orpheus는 그리스 신화에 나오는 전설적인 음악가 겸 시인 겸 예언자이고, 에우뤼디케 Eurydike(유리디스Eurydice)는 아폴론의 딸이자 참나무 요정이며 오르페우스의 아내이다. 에우뤼디케는 어느 날 아리스타요스Aristaios(가축, 과수果樹, 사냥, 농경, 양봉을 주관하는 신)한테 쫓기다가 거미에 물려죽어서 타르타로스Tartaros에 떨어진다. 하데스에서도 가장 어둡고 낮은 암흑심연暗黑深淵에 위치한 타르타로스는 신들의 분노를 사서 끔찍한 징벌을 받는 티탄Titan(거인)들이 갇힌 뇌옥이기도 하다. 오르 페우스는 그녀를 찾아 타르타로스로 내려간다. 메두사Medusa는 '꿈틀대는 독사-머리카락을 기른 여성괴 물 3자매三姉妹로 묘사되는 고르곤Gorgon의 일원'인데, 그녀의 눈을 본 인간을 돌덩이로 만들어버리는 괴물로 유명하다. 여기서 "메두사가 낳은 괴물"은 케르베로스로 추정된다. 그리고 "뱀북숭이"는 "털북숭 이"라는 낱말에서 착안되었다.】

22 【암흑왕국을 지키는 개Custo opaci perivigil regni canis." 이것은 고대 로마 스토아철학자 겸 극작가 루 키우스 세네카Lucius Seneca(서기전 4~서기 65)가 사용한 표현이다.【오르쿠스Orcus는 고대 이탈리아 와 로마에서 맹세·서약·선서를 어긴 망혼을 징벌하는 지하세계의 신으로 믿겼다. 오르쿠스도 하데스와 마 찬가지로 지하세계의 명칭으로 겸용되었다.】

23 단테, 「지옥」(『신곡』) 제6곡Conto VI 제13행 이하.

<케르베로스>
단테의 「지옥」 제6곡에 수록된 귀스타브 도레의 삽화

잉글랜드 시인 겸 극작가 윌리엄 셰익스피어William Shakespeare (1564~1616)의 희곡 『사랑의 헛수고Love's Labor Lost』 제5막 제2장에서도 케르베로스가 다음과 같이 언급된다. "삼두 케르베로스를 몽둥이로 때려죽인 이 꼬마천하장사가 바로 위대한 헤라클레스이다."

4. 고대 문헌들에 묘사된 케르베로스

내가 살펴본 고대 문헌들에 묘사된 케르베로스의 모습은 엉성하고 우스우리만치 부조리하다. 『믿기지 않는 전설들』[24] 제33절 제

---

24 팔래파토스Palaiphatos(Palaephatus: 서기전 4세기 후반에 주로 활동한 그리스 신화작가), 『믿기지 않는 전설들Peri apiston』.

<헤라클레스, 케르베로스, 에우뤼스테우스>
서기전 525경의 그리스 도기화

1행에서는 고대 그리스 철학자 헤라클레이토스Heracleitos(서기전 535~475)가 "케르베로스는 새끼 두 마리를 낳아서 기른다"고 말한다. 팔래파토스는 (같은 책 제39절에서) 케르베로스가 플리아시아[25]의 트리카레노스Trikarenos라는 도시에서 트리카레노스라는 이름을 얻었기 때문에 삼두견으로 짐작된다고 말한다. 고대 로마의 파비우스 플란키아데스 풀겐티우스Fabius Planciades Fulgentius(5세기 후반~6세기 초반)라는 합리주의적 신화작가가 기록한 바대로라면, 고대 로마 풍자소설가 페트로니우스Petronius(27~66)는 케르베로스를 하데스의 변호사로 정의했는데, 왜냐면 페트로니우스의 관점에서 케

---

25 【Phliasia: 그리스 펠로폰네소스Peloponnesos 반도 북동부의 도시 플레유스Phleious에 있던 고대 도시 국가.】

르베로스는 강력한 턱을 세 개나, 혹은 입심을 배가하는 유창한 혀(舌)를 세 개나 가져서 변호사와 흡사해 보였기 때문이다.[26] 풀겐티우스는 자신의 『우화집』에서 케르베로스는 크레아보로스Creaboros 즉 "육식맹수"를 의미하며, 케르베로스의 삼두는 각각 "망인을 대지의 순환계(지하세계)로 입장시키는"[27] 유년기, 청년기, 노년기를 의미한다고 말한다.

5. 현대 문학작품 한 편에 언급된 케르베로스

이 문을 들어서는 자여, 모든 희망을 버려라.[28]

마치 음울한 하데스의 희미한 사진 같은 풍경 속을 떠도는 이 "아른거리는 형상schwankende Gestalt"이, 이토록 기괴한 영상影像이, 정지하여 조명을 받으면 선명하고 온전한 윤곽을 드러내리라고 과연 우리가 말할 수 있을까?

그리하여 가장 어두운 심야에 케르베로스의 지긋지긋한 우울증이 생겨났다.

---

26 풀겐티우스, 『저작집Liber』(Teubner 판), p. 99.

27 풀겐티우스, "트리케르베로de Tricerbero," 『우화집Fabula』제6권(『저작집』 제1권, Teubner 판, p. 20). 【per quas introivit mors in orben terrarum: 이 문구는 "시체를 흙으로 돌아가게 만드는"으로 풀이될 수도 있다.】

28 【Lasciate ogni speranza voi ch' entrate: 단테 지옥 제3곡 지옥문의 현판문구.】

<포견징세관을 물어서 스틱스에 내던지는 케르베로스>
『신들린 타이프라이터』(p. 108)에 수록된 피터 뉴월의 삽화

하데스를 배경으로 삼은 작품을 즐겨 쓰는 미국 풍자작가 존 켄 드릭 뱅스John Kendrick Bangs(1862~1922)는 자신의 풍자소설[29]에서 "천 사들이 들어가지 않으려는 무서운 곳"에 과감히 발을 들이밀고 "케 르베로스라는 개는 한 마리냐 여러 마리냐?"라는 문제를 명랑하게 거론하기 시작한다. 하데스에 있는 도시 킴메리아[30] 당국은 다습한

---

29 【존 켄드릭 뱅스가 집필하고 미국 화가 겸 작가 피터 뉴월Peter Newell(1862~1924)의 삽화들을 곁들여 1899년 발표한 소설 『신들린 타이프라이터The Enchanted Type-Writer』.】

30 【Cimmeria(Kimmeria): 서기전 8~7세기경 코카서스Caucasus 산맥의 북방과 흑해연안에 거주했다고 알려진 고대 종족 킴메리오스족Kimmerios族(Cimmerians/Kimmerians/Kimmerioi)의 거주지. 호메로스

기후 때문에 너무나 질척거리는 도로를 아스팔트로 포장하는 공사를 벌이다가 보도에 깔린 니콜슨 도로포장재를 걷어내어 불쏘시개용으로 보관하고 벨기에 도로포장재[31]를 깔기로 결정한다. 도시당국은 이 추가공사비용을 조달하려고 도시의 모든 개에게 세금(견세犬稅)을 부과한다. 케르베로스는 하데스 전체에 귀속하는 개이다. 그래서 하데스의 국가정부는 마땅히 케르베로스의 견세를 부담해야 한다고 판단할 뿐 아니라 — 케르베로스를 개 한 마리로 간주하여 — 흔쾌히 부담하고자 한다. 그런데 킴메리아 도시당국은 케르베로스에게 — 케르베로스의 대가리 세 개를 각각 개 한 마리로 환산하여 — 부과한 개 세 마리분의 견세를 징수하려고 애쓴다. 지옥의 포견징세관捕犬徵稅官 두 명이 케르베로스를 압류하는 임무를 띠고 파견되지만, 케르베로스는 그들 중 한 명을 물어서 짓씹어버리고 다른 한 명을 물어서 스틱스에 내던져버린다.

이런 봉변을 당한 포견징세관들은 도시당국에서 피해배상금을 받아낸다. 그러자 도시당국은 국가정부에 소송을 제기하기로 결정한다. 소송재판이 진행되는 법정의 판사석에는 하데스 대통령 아폴뤼온[32]과 판사 블랙스톤Blackstone이 앉았다. 도시당국의 변호인은 코

의 『오디세이아』 제11권 제14행에서 킴메리오스족은 "지상세계의 끝, 하데스의 입구, 오케아노스 건너편, 안개 자욱하고 음산한 땅에 거주한다"고 기록된다.】

31 【니콜슨 도로포장재Nic(h)olson pavement는 19세기중엽 새뮤얼 니콜슨Samuel Nicolson(?~?)이 1848년에 발명한 도로포장용 목제木製블록이고, 벨기에 도로포장재는 벨기에 석제石製보도블록Belgian block(세트sett =삼피에트리노sampietrino)이다.】

32 【아폴뤼온Apollyon은 아바돈Abaddon의 그리스어 명사이고, 아바돈은 기독교 묵시록(계시록)신학에서 파괴자(또는 파멸장소)를 가리키는 영명靈名(또는 영소靈所)이다.】

우크Coke이고 국가정부의 변호인은 카틸린Catiline이다. 증인석에 호출된 첫째 포견징세관은 개들을 잘 다루냐는 신문訊問을 받자 당연히 잘 다루지만 포획하려던 개만은 결코 잘 다룰 수 없었다고 답변한다.

"어떤 개였습니까?" 코우크가 신문한다.

"케르베로스였습니다." 증인이 답변한다.

"증인은 그 개가 한 마리라고 생각합니까, 두 마리라고 생각합니까, 세 마리라고 생각합니까?"

코우크가 신문한다.

그러자 카틸린은 이 신문을 유도신문으로 규정하면서 이의를 제기하지만, 코우크는 표현만 살짝 바꾼 똑같은 신문을 강행한다.

"증인이 목격한 케로베로스는 몇 마리였습니까?"

"세 마리였습니다. 좌우지간 그랬습니다." 증인이 복받치는 감정에 휩싸여 답변한다. "그런데 나중에 생각해보니 그때 저는 영락없는 개 품평회장에 내던져진 먹잇감 신세였던 겁니다."

이윽고 반대신문을 허락받은 카틸린은 부드러운 말투로 다음과 같이 신문한다.

"그런 고초를 겪은 증인이 케르베로스는 좌우지간 세 마리라고 생각했다면, 방금 신문을 받고 개과(犬科)한테 당한 봉변을 그토록 애절하게 설명하다가 왜 개과를 그 개(him: 단수형대명사)로 지칭하셨습니까?"

<탐욕스러운 케르베로스>
잉글랜드 시인 겸 화가 윌리엄 블레이크William Blake(1757~1827) 작화

"그 개는 한 마리(a him)이니까요." 증인은 정색하며 말한다. 그러자 실망한 코우크는 둘째 포견징세관을 증인석에 호출하기로 결정한다. 그 증인에게 통상적인 예비신문을 마친 코우크는 다음과 같이 신문한다.

"증인의 직업은 무엇입니까?"

"저는 퇴직했습니다. 지금 피해배상금으로 생활합니다."

"무슨 피해배상금입니까?"

"제가 그곳에 있던 — 그곳에서 제가 상대해야 했던 것들 — 개들한테, 그러니까 케르베로스한테 물려서 입은 상처들의 배상금조로 도시당국에서 받아낸 돈입니다."

재판은 이런 식으로 계속된다. 카틸린은 우월한 변론을 펼쳐 국가정부를 승소시킨다. 킴메리아 도시당국은 개 한 마리분의 세금만 징수하는 선에서 만족할 수밖에 없다. 그러나 사실들의 논리는 오히려 하데스 국가정부의 논리를 반대하는 두 포견징세관, 판사, 코우크, 킴메리아 도시당국의 논리에 부합한다. 그래서 케르베로스라는 개는 한 마리보다는 많은 셈이다.

6. 베다[33]에 묘사된 내생

인디아India는 케르베로스 신화의 본산이다. 그곳에서 케르베로스는 가장 선명하고 완전한 모습을 획득한다. 우리가 케르베로스의 본성을 파악하려면 '초기 힌두교의 내생관념들은 암담하기는커녕 오히려 정반대로 행복스럽다'는 사실을 감안해야 한다. 베다에 담긴 내생관념들은 지옥을 상정하는 모든 개념을 배제한다. 초기 베다에서 내생은 단순하게, 시적으로, 유쾌하게 묘사된다. 망인들의 육신은 화장火葬되고 유골은 땅에 뿌려진다. 그러나 이런 장례절차는 행복한 내생을 대비하는 — "내생에 먹을 음식을 요리한다"고 솔직하게 직설되는 — 준비작업의 상징행위로 간주된다. 먼저 사망한 정직한 선조들은 내생에서 행복한 거처를 발견했으리라고 믿긴

---

33 【Veda: 고대 인디아에서 서기전 1500~서기전 1200년경에 형성되었다고 추정되는 산스크리트어 종교 경전들, 신화문헌들, 철학문헌들의 통칭.】

<야마>
티베트Tibet에서 17세기 말엽~18세기 초엽에 작화된 그림

다. 특히 최초로 죽은 인간 즉 최초망인最初亡人 야마Yama(염마閻魔/염
라閻羅)는 천상의 대하大河로 승천하여 신이 되었다고 믿긴다. 마치
개척자 같은 그는 자신의 모든 후손이 뒤따라갈 길을 발견했다고
믿긴다.

　　그는 앞으로 나아갔고 아무리 강대한 세력도 우리를 내쫓지
못할 거처를 발견했다. 그가 개척한 길을 우리의 선조들도 뒤따
라갔다. 그 길은 땅에서 태어난 모든 인간의 영혼들을 저승으로
인도한다. 가장 높은 천상의 한복판에 자리한 그곳을 밝히는 빛

은 영원하고 그곳에 흐르는 물은 영원히 마르지 않는다. 그곳에
펼쳐진 야마의 풍요로운 초원에서는 모든 소원이 성취된다.

야마는 자신의 초원에서 명복을 누리는 선조들에 합류할 인간들
을 물색하여 데려올 자신의 저승차사들인 개 두 마리를 인간세계로
날마다 파견한다.

7. 야마의 개 두 마리

『리그베다』[34] 제10권에 수록된 제14~18찬시는 장례식에서 영송
되는 시연詩聯들로 구성된다. 이 시연들은 고대인들의 문학을 연구
하는 신화학과 민족학의 관심에 영락없이 부응한다. 제14찬시 제
10~12연에서는 야마의 개 두 마리가 언급된다. 이 고전적 시연들을
형성하는 모든 시구詩句는 야마의 개 두 마리를 해석하는 것들이다.
그 시구들은 상이한 관점들에서 개 두 마리의 개념을 도출하는 서
로 독립적인 해설들을 포함하는데, 그 개들이 평범한 개과동물犬科
動物들에 불과하면 그런 해설들은 쉽게 화합하지 못한다. 그래서 고
대 힌두교신자들이 그 개들에 결부한 모든 관념을 우리가 면밀히
추적하면, 그 시구들은 한 쌍을 이루는 자연스러운 목적들로 정연
하고 산뜻하게 환원될 것이다.

무엇보다도 먼저 우리는 지금 케르베로스의 개념을 다룬다는 사

---

34 【『Rigveda』: 고대 인디아의 각종 의례에서 영송詠誦된 찬시讚詩들로 구성된 베다의 일종.】

실을 상기해야 한다. 제14찬시 제10연에서 개 두 마리는 '명복을 누리려는 망혼들의 승천행로昇天行路'를 가로막는 악의적인 동물들로 간주된다. 승천하는 망혼은 다음과 같은 지령을 받는다.

네눈박이개 두 마리를, 점박이개와 검둥개를, 사라마[35] 종족을 마주쳐도 곧장 앞으로 달려가라. 그리고 야마와 함께 고상한 명복을 누리는 행복한 선조들 사이로 들어가라.

다소 후대에서 쓰인 아슈발라야나[36]의 『가택의례서家宅儀禮書』는 케르베로스의 환심을 얻는 간식의 개념을 포함한다.

(야마) 비바슈반트Vivasvant의 아들의 집에서 태어난 개 두 마리여, 검둥개와 점박이개여, 내가 너희에게 과자를 줬노라. 그러므로 이제부터 너희는 나를 끝까지 호위하라!

제14찬시 제12연은 개 두 마리가 겸비한 선성善性과 악성惡性을 한꺼번에 암시하는 인상적인 구절을 포함한다.

야마의 두 저승차사가, 넓적코를 가진 갈색 두 저승차사가, 생

---

35 【Sarama: 힌두교의 신들이 기르는 암캐의 호칭. 데바슈니Deva-shuni로도 호칭된다.】

36 【아슈발라야나Asvalayana는 특정한 베다를 전문적으로 연구하고 주석하는 힌두교신학자들의 일파이고, 『가택의례서』는 힌두교신학파들이 저마다 준칙으로 삼는 『칼파Kalpa』(=『그리야수트라Grihyasutra』)를 가리킨다.】

명을 빼앗는 두 저승차사가 사람들 사이를 돌아다니네. 그들이
오늘 우리에게 행복한 생명의 기운을 돌려줄 수 있다면, 우리는
태양을 볼 수 있으리.

여기서 케르베로스 종족의 성원들이 제14찬시 제10연에서 묘사
된 그들의 역할에 어울리지 않는다는 사실은 자명하다. 왜냐면 그
들은 천상의 행복한 초원에서 망혼들을 추방하기보다는 오히려 종
국에는 야마의 풍요로운 은덕을 입도록 예정된 망혼들을 골라내기
때문이다. 이렇게 생각하는 관념은 『아타르바베다Atharva-Veda』에 포
함된 장수長壽를 염원하는 기도문들에서 간단명료하게 표현된다.

  (승천하는) 길을 지키는 야마의 개 두 마리, 검둥개와 점박이개
  는, 이미 멀어져서, 이제 그대를 (뒤쫓지) 않으리라! 꾸물거리지 말
  고 어서 이리 오너라! 그대의 마음을 여기에 체류시키지 말고 먼
  곳으로 보내라.(『아타르바베다』 제8권 제1장 제9절)
  오, 인간이여, 그대의 영혼과 완전히 합일하라! 야마의 두 저승
  차사를 따라가지 말고 생명의 처소로 들어가라.(『아타르바베다』
  제5권 제30장 제6절)

이 기도문들은 행복한 천상으로 승천하면서도 지상에서 햇볕을
받으며 조금이라도 더 오래 살려는 자연스럽되 역리적인 욕망을 포

함한다. 지상에서 살아가는 힌두교인은 내생의 낙원을 기대하는 달콤한 희망들에 이따금 휩싸인다. 그는 평소에는 삶에 집착하면서 자신이 꿈꾸는 낙원의 실현을 기대하는 희망을 그럴싸하게 거침없이 표현하지만 '그런 낙원은 실현될 수 없으리라'고 걱정하면서 위축되기도 한다. 그런 현실적 열망은 『아타르바베다』에서 무수히 발설되는 다음과 같은 기도에서 표현된다.

건강한 자식들에 둘러싸여 백 년 장수할 수 있게 해주소서.

호메로스의 하데스는 오직 또 다른 모순된 희망으로만 대체될 수 있을 이런 모순된 희망을 일소해버렸다. 오디세우스[37]는 하데스에서 모험을 끝내고 지상으로 귀환하며 다음과 같이 대담하게 큰소리쳤다.

하데스에서 망혼들의 왕이 되느니 차라리 햇빛을 받는 지상에서 돼지들을 기르는 편이 더 낫겠다.

이것은 케르베로스가 지키는 하데스 같은 곳으로 들어가는 길을 비난할뿐더러 거의 모욕하다시피 하는 언사이다. 오디세우스 신화가 이해될 수 있으려면 이런 언사의 역리는 제거되어야 마땅할 것

---

37 【Odysseus: 호메로스의 서사시 『오디세이아』의 주인공.】

이다.

『리그베다』제14찬시 제11연에서 개 두 마리는 승천하는 망혼의 길잡이들(퓌크소폼포이phyxopompoi)로서 언급된다.

> 오, 왕이시여, 야마여, 당신이 부리시는, 길잡이노릇을 하며, 인
> 간을 쏘아보는, 네눈박이 감시견 두 마리를 저희에게 맡겨주시고
> 번영과 건강을 저희에게 안겨주소서.

8. 천상의 개 두 마리

망혼들의 거처가 지옥에서 천상으로 변하면 케르베로스 종족 두 마리도 지옥에서 천상으로 이동한다. 이것은 당연한 변동이다. 그래서 우리는 이런 변동을 뒷받침할 증거를 구태여 제시하지 않아도 될 것이다. 유태교 율법해설서 겸 전설집 『탈무드Talmud』에 비견되는 힌두교 베다 해설집 『브라마나Brahmana』에 수록된 어느 전설도 다음과 같이 증언한다. "천상에는 개 두 마리가 있는데, 그 개들은 야마의 개들이다." 나는 여기서 "야마의 개 두 마리"와 "천상의 개 두 마리"가 동의어들이라는 사실을 입증하려고 기간토마키아[38]의 일종인 이 전설의 두 가지 이본異本을 살펴볼 것이다.

---

38 【Gigantomaxia(자이갠토머키Gigantomachy): 그리스 신화에서 벌어지는 티탄족Titan族(거인족巨人族)
과 신족神族의 전쟁을 주제로 삼는 신화나 전설.】

칼라카냐족[39]으로 호칭된 아수라[40]들(악마들)이 있었다. 천상세계를 정복하려고 불제단(화염제단火焰祭壇)을 축조한 그들은 인간들에게 1인당 벽돌 한 개씩을 가져와서 그 제단 위에 차곡차곡 쌓아 층계를 만들라고 강요했다. 그때 브라만[41]으로 위장하여 인간들 사이에 섞여든 뇌신雷神 인드라Indra(제석천帝釋天)도 벽돌 한 개를 그 제단 위의 층계에 올려놓았다. 칼라카냐족은 그렇게 만들어진 벽돌층계를 딛고 천상으로 오르기 시작했다. 그들이 천상에 다다랐을 즈음 인드라는 벽돌층계에서 자신의 벽돌을 빼버렸다. 그러자 칼라카냐족은 속절없이 추락하여 거미들로 변해버렸다. 그 거미들 중 하늘로 날아오른 거미 두 마리가 천상의 개 두 마리로 변했다.(타이티리야 학파[42]의 『브라마나』 제1권 제1장 제2절.)

칼라카냐족으로 호칭된 아수라들(악마들)은 제단 위에 벽돌들을 쌓으면서 "우리는 천상에 올라가리라"고 말했다. 브라만으로 위장한 인드라가 그들 사이에 섞여들었다. 인드라도 제단 위에 벽돌 한 개를 쌓았다. 그들은 벽돌들을 딛고 올라 천상에 거의 다다랐다. 그때 인드라가 자신의 벽돌을 빼버렸다. 그러자 아수라

---

39 【Kalakanja族(칼라케야족Kalakeya族): 힌두교신화에 나오는 최초여신 다누Danu를 모신母神으로 섬기는 다나바족Danava族에 속하는 이 호전적이고 잔인한 씨족은 다누의 아들 바이슈바나라Vaiswanara(화신火神 아그니Agni의 별명)의 딸 칼라카Kalaka의 자손들로 자처한다.】

40 【Asura(阿修羅): 힌두교신화에서 자비로운 반신半神 또는 신령神靈 수라Sura(修羅)와 경쟁한다고 여겨진 호전적이고 사악한 반신(악마) 또는 악령.】

41 【Brahman(Brahman): 힌두교 최상위 카스트cast(계급)의 총칭이자 그 계급에 속하는 사제司祭의 호칭.】

42 【Taittiriya學派: 산문진언散文眞言(prose mantra) 베다에 속하는 『크리슈나 아유르베다Krishna Yajurveda』를 신봉하고 주석하는 학파.】

들이 하염없이 추락해버렸다. 그들 중 가장 높게 올라갔던 두 아수라는 야마의 개들로 변했고 나머지 아수라들은 모조리 거미로 변했다.(마이트라 씨족[43]의 『브라마나』제1권 제6장 제9절.)

이 전설의 주제는 이 전설의 생성시대에 살았던 인간들의 심정에 워낙 확고하게 정착해서 그런지 다음과 같은 주문에서도 구체적으로 언급된다. 주문을 영송하는 자는 자신이 입을 수 있는 피해를 막아달라고 전설 속의 신화적 인물들에게 다음과 같이 기원한다.

공중을 날아다니며 만물을 두루 살피시는 위풍당당하신 천상의 개여, 저희가 당신께 공물을 바치며 경의를 표하나이다.
신들처럼 천상에 머무시는 세 분 칼라카냐여, 제가 이 모든 분께 기원하오니, 부디 이 사람을 도와서 피해를 입지 않게 살펴주소서.
바다에서 태어나셔서 하늘에도 머무시고 땅에서도 위대하신 위풍당당하신 천상의 개여, 저희가 당신께 공물을 바치며 경의를 표하나이다.(『아타르바베다』제6권 제80장.)

이 주문에 언급된 천상의 '단일한' 개는 대단히 흥미롭다. 이 주문은 야마의 개 두 마리가 저마다 고유한 개별적 성격을 보유한다는

---

43 【Maitra(모이트라Moitra) 氏族: 인디아 동부의 벵골Bengal 지방에 거주하는 브라만들의 씨족.】

사실을 증명한다. 그래서 그 개들은 막연하게 한 쌍을 이루는 천상의 개들일 수 없다. 그 개들은 저마다 어떤 특정한 천문현상에 의존하는 것이 틀림없다.

히라냐케신[44] 학파의 『가택의례서』도 야마의 개 두 마리를 명확한 언어로 묘사하면서 천상에 위치시킨다.

사라마 종족에 속하는 검정색 배털을 가진 갈색 개가 바다를 내려다보면서 달려간다.(제2권 제7장 제2절)

9. 설명되는 야마의 개 두 마리

쌍을 지어 하늘을 가로지르고 바다를 내려다보며 다른 유관한 특성들을 겸비하는 것들이 천상에는 많지 않다. 내가 여기서 빤한 수수께끼를 던지는 발췌문들을 인용할 참인데, 그런 만큼 나의 독자들은 그 수수께끼의 답을 금세 추측할 수 있을 것이다. 카타Katha 학파의 『크리슈나 아유르베다』(제37권 14장)에는 다음과 같은 문구가 나온다.

이 야마의 두 마리 개는, 실제로는, 낮과 밤이다.

카우쉬타킨Kaushitakin 학파의 『브라마나』(제2권 제9장)는 『탈무

---

44 【Hiranyakesin: 베다를 나름대로 연구하고 주석하는 브라만들의 학파.】

드』의 논법을 닮은 논법으로써 다음과 같이 논증한다.

　　신들에게 제사지내려는 사람은 일몰직후의 어스름한 저녁에 아그니호트라[45]를 제물로 삼아 제사지내야 하고 일출직전의 어스름한 아침에 아그니호트라를 제물로 삼아 제사지내야 한다. 왜냐면 그때 신들이 당도하기 때문이다. 그리하면 (야마의 개 두 마리) 퀴야마Çyama(검둥개)와 콰발라Çabala(점박이개)는 제사지낼 사람을 대신하는 아그니호트라를 갈가리 찢어발길 것이다. 콰발라는 낮이고 퀴야마는 밤이다. 퀴야마는 밤에 제사지낼 사람을 대신하는 아그니호트라를 갈가리 찢어발긴다. 콰발라는 훤한 대낮에 제사지낼 사람을 대신하는 아그니호트라를 갈가리 찢어발긴다.

　　위의 논증보다 훨씬 더 무미건조한 『타이티리야베다Taittiriya-Veda』(제5권 제7장 제19절)에서 야마의 개 두 마리는 천상의 시간제조자時間製造者(time-maker)들과 관련된다. 여기서 제물로 희생되는 말(馬)의 여러 부위는 네 가지 우주현상에, 즉 (1) 해와 달, (2) 퀴야마와 콰발라(야마의 개 두 마리), (3) 여명, (4) 황혼에 할당된다. 그래서 야마의 개 두 마리는 한편으로는 해와 달 사이에 끼이고 다른 한편으로는 여명과 황혼 사이에 끼인다. 여기서 그 개들은 낮과 밤의 특별한 명칭들이거나 아니면 해와 달과 물리적으로 동등한 것들이 확실

---

45 【agnihorta: 고대 인디아의 브라만들이 하루에 두 번씩 지내던 제사에 제물로 사용한 '데워서 굳힌 우유.'】

<브라마>
인디아 북부 히말라야Himalaya 산지에 거주하는 원주민족 파하리Pahari의 미술작품
(1700년경 수채화)

하다. 그리하여 이제 『샤타파타브라마나Shatapatha-Brahmama』에서는
다음과 같이 확언된다.

> 달은 진실로 신성한 개(성견聖犬)이다. 그분은 제사지낸 자의
> 가축을 굽어보신다.

그리고 『아타르바베다』의 카슈미르[46] 판본에서는 다음과 같이
묘사된다.

> 네눈박이개(달)는 밤마다 밤의 영토를 굽어본다.

10. 구원받는 승천행로에 설치된 정거장 같은 해와 달

심지어 신지학적인 우파니샤드[47]들조차 현세를 벗어나서 우주의
브라마[48]로 흡수되는 망혼의 여정을 다루려면 어차피 이렇듯 무난
하면서도 투박한 신화를 거쳐야만 했다.

인간의 심정은 일종의 내세론적[49] 지형도를 쉽사리 벗어날 수 없

---

46 【Kashmir: 인디아 최북부 지방.】
47 【신지학神智學(theosophy)은 접신학接神學, 접신론接神論, 견신론見神論으로 번역된다. 우파니샤드
　　Upanishad는 서기전 1000~600년경 고대 인디아에서 활동한 힌두교사상가들의 이론적 토대를 형성한
　　철학적 문헌들의 집성체로서 '베다의 끝' 또는 '베다의 결론'을 뜻하는 '베단타Vedanta'로도 지칭된다. 그
　　리고 베단타는 특히 '범신론과 관념론과 일원론一元論을 주창하는 인디아 철학'을 일컫는 낱말로도 사용
　　된다.】
48 【Brahma: 힌두교의 우주창조신.】
49 【eschatologcial: 내세론來世論, 내생론來生論, 종말론, 말세론을 뜻하는 '에스커톨러지eschatology'의
　　형용사.】

다. 브라마 자체는 천상에도 지옥에도 존재하는 우주적이고 보편적인 모든 속성 — 모든 곳에 존재하는 유일하고 참된 것 — 을 결여할 수 있다. 심지어 우파니샤드들도 최후에 선택하는 곳은 브라마의 세계이다. 그 세계는 지옥세계도 아니고 지상의 모든 곳도 아닌 천상세계이다. 그래서 망혼은 달빛을 받는 지상세계에서 브라마로 가는 길을 장악한 듯이 여겨지는 강대한 우주적 세력들을 통과해야 한다.

『카우쉬타키 우파니샤드Kaushitaki Upanishad』(제1권 제2장 제3절)에서 "이 세상을 떠난 모든 망혼은 가장 먼저 광명세계의 입구에 있는 달(月)로 가야 한다"고 규정된다. 달은 망혼에게 신지학적 질문 몇 가지를 던진다. 오직 그런 질문들에 답변할 수 있는 망혼만이 브라마의 세계로 승천할 수 있을 만큼 자유롭다고 간주된다. 질문들에 답변할 수 없는 망혼은 — 슬프게도! — 벌레나 파리, 물고기나 닭, 사자나 멧돼지, 황소나 호랑이나 인간으로 환생하든지 아니면 생시生時의 품행들과 지식수준에 맞게, 요컨대, 카르마[50]의 논리대로, 사망지死亡地에서나 타지他地에서 다른 어떤 것 — 정확하게는, 오래된 어떤 것 — 으로 환생할 수밖에 없다.

『마이트리 우파니샤드Maitri Upanishad』(제4권 제38장)에서도 망혼의 구원승천과정救援昇天過程은 비슷하게 묘사된다. 망혼이 분노를 떨쳐낼 수 있고 진정한 소원을 숙고할 수 있으면, 브라마를 감싼 장

---

50 【Karma: 갈마羯磨, 업보業報, 업장業障.】

막을 뚫고, 창공을 겹겹이 에워싼 해, 달, 불 같은 것들로 형성된 둥근 장벽들을 돌파할 수 있다. 오직 그리할 수 있는 망혼만이 '자기의 위대성을 유일한 기반으로 삼는 지고한 것'을 바라볼 수 있다.

이런 승천구원관념昇天救援觀念은 『찬도갸 우파니샤드Chandogya Upanishad』에서도 똑같이 발견된다. 이 경전에서 함께 언급되는 해와 달은 고대의 이름들로 지칭될 뿐만 아니라 야마의 개들의 능력과 같은 능력을 발휘한다. 브라마에 녹아들려고 열망하는 망혼은 쿼야마(달-개: 월견月犬)와 콰발라(해-개: 태양견太陽犬)에게 번갈아 기도하는 정화양식에 의존한다.

> 제가 쿼야마(달)에서 콰발라(해)에게 빌고 콰발라에서 쿼야마
> 에게 비나이다. 자신의 갈기(중에도 쓸모없어진 갈기)를 세차게
> 흔들어 털어버리는 말처럼, 저의 죄악을 털어버리고, 월식마귀
> 月蝕魔鬼 라후Rahu의 아가리를 빠져나와 해방된 달(月)처럼, 육신을
> 빠져나와 해방된 저의 진정한 자아와 함께 저를 브라마의 자존自
> 存하는 세계로 진입시켜주소서.[51]

11. 신화 분석

힌두교 신화를 유명하게 만든 한 가지 요인이 있다. 나는 그 요인

---

[51] 『우파니샤드』들을 연구한 근대의 모든 해석자뿐 아니라 탁월한 힌두교 신지학자 겸 해설자 샹카라 Shankara(700~750)도 이 기도문의 의미를 파악하지 못했다.

을 억제된 인격화 혹은 억제된 의인화[52]로 지칭하고자 한다. 다른 여느 신화의 인물들보다도 힌두교 신화의 인물들은 저마다 나름의 탄생과 성장기의 추억들에 더 끈끈하게 애착하는 듯이 보인다. 이런 경향을 유발한 첫째 요인은 다른 여느 곳의 자연환경보다도 월등하게 감동적인 인디아의 자연환경이고, 둘째 요인은 사물의 어느 부분도 시종일관 놓치지 않으려는 힌두교 신자들의 집요하리만치 도식적인 사고체계이다. 거의 지나치리만치 규칙적으로 줄기차게 자연에 호소하는 그들의 시는 첫째 요인을 예시한다. 그들의 베단타 철학이나 고생스럽도록 꼼꼼하면서도 적나라하리만치 세세하게 서술된 『카마콰스트라』[53]는 둘째 요인을 예시한다. 그래서 베다에서는 아주 빈번하게 발견되는 상황이 다른 신화들을 기록한 경전들에서는 거의 발견되지 않거나 극히 드물게만 발견된다.

　비록 그렇더라도 개들은 — 야마의 개 두 마리는 — 역시 해와 달이다. 서로 그토록 판이한 사물들의 속성들이 해에도 달에도 지속적으로 충분하게 부합할 수 있는 사연은 대단히 놀랍다. 해의 색깔과 밝기는 해개(태양견) 콰발라의 고정된 별명인 "점박이개"에 부합한다. 달개(월견)는 검둥개(퀴야마 또는 퀴야바Çyava)에 부합한다. 해와 달은 천공을 횡단하기 때문에 극락의 상석에 앉은 야마의 자연스러운 저승차사들이다. 그래도 야마는 어디까지나 죽음이고, 죽

---

52 【擬人化(anthropomorphism): 의인론擬人論, 의인주의擬人主義 신인동형동성론神人同形同性論, 인신론人神論.】

53 【『Kamaçastra』(『성애술性愛術Ars Amatoria』): 이른바 『카마수트라Kamasutra』로 유명한 이 책의 제목은 『방중술房中術』로도 번역될 수 있다.】

음은 모든 인간을 집요하게 추격한다. "인간감시견"이나 "길잡이 개" 같은 별명들은 점박이개한테도 두 가지 개의 개념들 모두에 공평하게 어울린다.

무엇보다도 야마의 개들을 설명한 최초진술들에서는 그것들의 불일치점들이 사라졌다. 한편에서 승천하려면 개들을 마주쳐도 "곧장 앞으로 달려가라"는 망혼을 향한 야마의 충고는 '천공을 횡단하는 천상의 개들'이라는 개념과 어울린다. 다른 한편에서 "잠깐 쉬면서 생각의 관점을 바꿔보라"는 충고는, 비록 앞의 충고와 아주 상반되게 들릴지라도, 그 충고를 수용하여 생각의 관점을 바꾼 망혼에게는 똑같은 천상의 개들도 앞길을 안내하면서 인간들을 우호적으로 내려다보는 길잡이들로 보인다. 그렇게 바뀐 관점에서 보이는 개들은 야마의 지시를 받아서 망혼들을 안내하고 망혼들에게 유익한 건강과 복락을 제공한다. 또한 해와 달도 그렇게 바뀐 관점에서는 인간들 사이를 오가는 저승차사들로 보인다. 그래서 "인간들은 밤에도 죽고 낮에도 죽지만, 이 두 천체는 인간들 사이에 번갈아 나타난다."[54]

이 문구의 분위기를 비슷하게 자아내는 다른 문구는 어느 베다에서도 발견된다. "낮과 밤은 우리를 장수하게 할 수 있나니"(아슈발라야나Asvalayana 학파의 『가택의례서』 제2권 제4장 제14절). 그러나 정반대로 거의 모든 베다에서 낮과 밤은 인간들의 생명을 파괴한

54　『타이티리바 브라마나Taittiriva Brahmana』 제1권 제8장 제4절에서 "최상最上죽음"으로 풀이되는 해(태양)의 개념도 참조될 수 있다.

다고 서술된다. 어떤 베다에서는 "낮과 밤은 죽음의 오랏줄 같은 양
팔이다"(『카우쉬타킨 브라마나Kaushitakin Brahmana』제2권 제9장)라
고 비유된다. 또 다른 베다에서는 "해(年)는 죽음인데, 왜냐면 그것은
낮과 밤을 이용하여 인간들의 생명을 파괴하기 때문이다"(『샤타파
타-브라마나Shatapatha-Brahmana』제10권 제4장 제3절 제1행)라고 더
욱 명시적으로 서술된다. 낮과 밤의 가혹한 압제권역을 벗어나려
고 염원하는 인간은 백미와 흑미를 상징용 제물로 삼아 제사지내면
서 "낮이여 어서 오소서, 밤이여 어서 오소서, 저희를 해방시켜주소
서"(『타이티리야 브라마나』제3권 제1장 제6절 제2행)라고 큰소리
로 기도한다. 이런 맥락에서 우리는 동양에 널리 알려진 우화 한 편
을 상기할 수 있지 않을까? 그 우화 속에서 쥐 두 마리, 즉 흰쥐와 검
둥쥐는, 생명풀 또는 생명나무를 번갈아, 그러나 끊임없이, 갉아먹
는다.[55]

12. 북유럽 신화에 나오는 케르베로스들

북유럽 신화에도 '해와 달'과 '낮과 밤'이라는 두 가지 이중요인
을 반영하는 듯이 보이는 동물 몇 쌍이 등장한다. 그러나 그런 이중
요인들로 확신될 만한 세부묘사는 북유럽 신화에서 전혀 발견되지
않는다. 왜냐면 북유럽 신화는, 비록 노르웨이 문헌학자 겸 언어학

---

[55] 에른스트 쿤Ernst Kuhn(1846~1920: 독일 남아시아학자南Asia學者), 『오토 폰 뵈틀링크 기념논집
Festgruss an Otto von Boehtlingk』, p. 68 이하.【오토 폰 뵈틀링크Otto von Boehtlingk(1815~1904)는
독일의 남아시아학자南Asia學者 겸 산스크리트어학자이다.】

<왕좌에 앉은 오딘의 양편에 앉은 늑대 게리와 프레키>
독일 작가 겸 신학자 빌헬름 배그너Wilhelm Wägner(1800~1886)의 저서 『북유럽 게르만
족의 신들과 영웅들Nordisch-germanische Götter und Helden』(1882, p. 7)에 수록된 독
일 화가 카를 에밀 되플러Carl Emil Doepler(1824~1905)의 삽화

자 소푸스 부게Sophus Bugge(1833~1907)와 그의 학파가 강조하는 만
큼 위조된 신화는 아닐지라도, 어디까지나 후대에 집대성되어 응고
된 신화이기 때문이다.

오딘[56]은 "탐욕스러운" 게리Geri라는 늑대와 "흉포한" 프레키Freki

---

56 【Odin: 북유럽 신화에서 치유, 죽음, 왕권王權, 교수대絞首臺(교수형絞首刑), 지식, 전투, 요술, 시詩, 광
증狂症, 룬문자run文字를 다스린다고 믿긴 남신男神.】

<리프야베르크에 시녀 9명과 함께 앉아있는 멩글뢰드>
덴마크 화가 로렌츠 프뢸리히Lorenz Frølich(1820~1908)의 1893년작

라는 늑대를 거느린다. 평화를 잃은 나라들에서는 게리와 프레키가 보무당당하게 돌아다닌다. '이 늑대 두 마리는 망혼을 안내하는 야마의 개 두 마리와 아예 무관하다'고 과연 누가 말할 수 있겠는가?

처녀 멩글뢰드는 휘프야산[57]에 있는 자신의 화려한 성城에서 잔다. "탐욕스러운" 게리라는 개와 "흉포한" 지프르Gifr라는 개는 휘프야산을 교대로 순찰하면서 멩글뢰드의 성을 지킨다. 그 개들 중 한 마리는 다른 한 마리가 산을 순찰하는 시간에만 잠잘 수 있다. "한 마리는 밤에 자고 다른 한 마리는 낮에 자므로 [성에는] 아무도 들어가지 못하느니"(「필스빈스말」 제16연).

---

57 【멩글뢰드Menglödh는 13세기경에 집대성된 신화전설시집 『운문 에다Poetic Edda』(『재문타르 에다 Sæmundar Edda』 또는 『고편高篇 에다Elder Edda』)에 수록된 서사시 「필스빈스말Fjölsvinnsmal」에에 나오는 치유여신治癒女神이고, 휘프야산Hyfja山(리프야베르크Lyfjaberg)은 멩글뢰드가 머무는 치유산治癒山 또는 치유언덕이다.】

물론 우리는 이 북유럽 신화가 베다 신화와 직결된다고 굳이 상상하지 않아도 된다. 그러나 이 북유럽 신화가 아무리 오래전에 생겨났어도, 그리고 북유럽의 옛 음송시인이 이 신화를 아무리 완벽하게 가다듬었어도, 이 신화를 낳은 생각의 뿌리는 어디까지나 서로 번갈아 뜨는 해와 달이고 그런 해와 달에 동반되는 낮과 밤이다.

13. 페르시아의 아베스타[58]에서 발견되는 케르베로스

분별력을 갖춘 신화학자는 신화에서 '영원한 처녀의 무구한 신성'이라는 그토록 확실하게 예정된 결실을 요구하지 않을 것이다. 거의 처음부터 야마의 개들은 사라마 종족에 속한다. 왜 그런가? 사라마는 신들의 여성전령사이므로, 사라마의 뿌리와 헤르메스 또는 헤르메야스Hermeias의 뿌리는 동일하다. 그래서 사라마는 신들의 또 다른 전령사들인 야마의 네눈박이개 두 마리를 낳도록 예정된 생모生母이다. 그리고 야마의 개들은 사라마의 새끼들이므로 신화는 과거로 소급된다. 그리하여 사라마는 나중에 네눈박이암캐로 소급되어 상상된다(『아타르바베다』제4권 제20장 제7절). 이 암캐와 비슷하게 "넓적코"라는 별명을 가진 개도, 생명사냥개들이 문제시되는 순간부터, 신화적으로 해석될 필요가 없어진다. 내가 고백하건대, "네눈박이"라는 영속적이고 중요한 특성은 막연하고 모호하다. 이 특성은 오래되었고 널리 알려진 것이다.

---

58 【Avesta: 고대 페르시아 조로아스터교Zoroastrianism(차라투스트라교)경전들의 총칭.】

고대 이란인Iran人(페르시아인)들의 아베스타는 케르베로스 신화를 그 신화의 지지러진 싹들로 환원했다. 아베스타『벤디다드Vendidad』제13권 제8장 제9절에서는 개를 도살하는 행위가 금지된다. 왜냐면 도살자의 망혼은 "저승으로 가는 동안, 고산高山의 숲속에서 산양을 추격하며 짖어대는 늑대보다 더 쩌렁쩌렁하게 짖어대며 더 맹렬하게 추격하는 개를 피해서 달아나야 하기" 때문이다. "저승에서는 이승을 떠난 도살자의 망혼을 반겨줄 망혼도 없을 것이고 쩌렁쩌렁 짖어대는 개한테 추격당하는 도살자의 망혼을 도와줄 망혼도 없을 것이다. 킨바드Cinvad 다리(극락에 닿는 교량)를 지키는 개들도 저승에서 쩌렁쩌렁하게 짖어대는 개한테 추격당하는 도살자의 영혼을 도와주지 않을 것이다."

이 개는 아베스타에서도 네눈박이로 묘사된다. 망인의 시체에서 망혼이 빠져나가자마자 지옥에서 솟아난 악귀 하나가 — 시체악마(드루지 나수Druj Nasu)가 — 망인의 시체를 게걸스럽게 먹기 시작한다. 그 순간부터 시체를 건드리는 사람은 누구라도 부정탈[59]뿐더러 그 사람과 접촉한 다른 사람들마저 부정타게 한다. "개눈(犬眼)"은 망인의 시체에 붙은 악마를 쫓아낸다. 그 악마를 쫓아내려는 생인은 "네눈박이개"를 시체에 근접시켜 시체를 노려보게 해야 한다. 그 개가 시체를 노려보는 즉시 악마는 시체를 빠져나가 지옥으로 부리나케 달아나버린다(『벤디다드』제7권 제7장과 제8권 제41장).

---

59 【'불결하거나 오염되거나 불길한 사물·사람·행위의 악영향을 받아 피해를 입다'를 뜻하는 '부정不淨타다'라는 동사는 국립국어원의 『표준국어대사전』에는 등재되지 않았지만 민간에서는 널리 사용되어왔다.】

신화적 지옥으로 들어가서 신화적 괴물들을 포획하여 지상으로 끌어내는 모험을 평범한 일상사를 처리하듯이 아무렇지도 않게 감행할 수 있는 인간은 드물다. 하물며 지상에서 언제나 죽어가며 생활하느라 바쁜 인간들이 그리하기는 더욱 어렵다. 헤라클레스는 곡예처럼 아슬아슬한 이 유명한 "모험"을 딱 한 번 감행했던 유일한 인물이다. 그래서 네눈박이개들을 발견하고 당황한 파르시[60]는 "네눈박이개"라는 명칭은 '두 눈 위에 붙은 두 눈처럼 생긴 두 알록점을 가진 개'를 의미한다고 해석한다. 매우 흥미롭게도 파르시와 마찬가지로 힌두교경전 주석자들마저 "네눈박이"라는 용어는 "두 눈 위에 붙은 두 눈처럼 생긴 두 알록점을 가진"을 뜻한다고 정식으로 해석한다.

그리고 베다에 명시된 제례도 신화적 네눈박이개를 생생하게 표현하는 절차를 실제로 포함한다. 말(馬)을 제물로 삼는 제례에서 희생될 말은 신성한 죽음을 맞이하도록 목욕재계하는 정화의례를 치러야 한다. 또한 그 말은 적대세력들한테 해코지당하지 않도록 호위되어야 한다. [말이 목욕재계하기 전에는] 하급 카스트에 속하는 남자 한 명이 네눈박이개 — 적대세력들을 확실히 상징하는 개 — 한 마리를 끌어와 몽둥이로 때려죽여서 말의 발치에 갖다놓는다. 이 네눈박이개가 바로 '두 눈 위에 붙은 두 눈처럼 생긴 두 알록점을

---

60 【Parsi(Parsee): 8세기경 페르시아 제국에서 박해받다가 남아시아(인디아와 파키스탄)로 이주한 두 부류의 조로아스터교(차라투스트라교) 공동체 중 대규모 공동체의 총칭이고, '파르시교파敎派, 파시, 파시교'로도 별칭된다. 두 공동체 중 소규모 공동체는 이라니Irani로 총칭되고, '이라니교파, 이라니 공동체'로도 별칭된다.】

가진 개'이자 케르베로스의 상징이라고 여기서 새삼 강조될 필요
는 없을 것이다.[61]

14. "네눈박이"라는 용어

"네눈박이"라는 별칭은 개 두 마리를 한 마리로 얼마간 통합할 수
있는 시험적인 응집력을 내포했을 수 있다. (해가 뜬) 낮에도 (달이
뜬) 밤에도 앞을 볼 수 있는 개 두 마리의 시력은 그리스의 쌍두 케르
베로스를 탄생시킨 신화의 가물가물한 원천이었을 수 있다.

그렇지 않다면, 내가 다른 글[62]에서 "네 발로 달리다"라는 표현은
베다에 포함된 "발이 빠르다"라는 비유적 표현을 닮았다고 증명하
면서 특기했듯이, "네눈박이"는 "뛰어난 시력을 가진"의 비유적 표
현에 불과할 가능성도 있다. 『리그베다』(제1권 제31찬시 제13연)에
서는 불신(火神) 아그니가 ― 즉 "불"이 ― "네눈박이"라고 한 차례
확실하게 호명되는데, 여기서 네눈박이는 오직 "뛰어난 시력을 가
진"만을 의미할 수 있을 뿐이다.

15. 이중명칭二重名稱 콰발라우Çabalau

---

61 러시아에서도 이런 네눈박이개를 연상시키는 관념들이 발견된다는 사실은 다음과 같은 문헌들에서 확
    인된다. 브세볼로드 밀레르Vsevolod Miller(1848~1913: 러시아 고고학자, 민속학자, 언어학자), 『제4회
    국제 동양학자회의 회의록Atti del IV Congresso Internazionale degli Orientalisti』 제2권, p. 43; 루이
    스 찰스 캐서텔리Louis Charles Casartelli(1852~1925: 잉글랜드 동양학자), 『바빌로니아와 동양의 기록
    Babylonian and Oriental Record』 제4권, p. 266 이하. 이 관념들은 고대 이란에서 생겨났을 확률이 가
    장 높다.
62 《아메리칸 저널 오브 필롤러지American Journal of Philology》, vol. XI, p. 355.

<아테나, 쌍두 케르베로스, 헤라클레스>
그리스 로도스Rodos(Rhodes) 섬의 고대도시 카메이로스Kameiros에서 발견된 서기전
510년경의 도기화

　야마의 개 두 마리가 얻은 정식명칭들은 두 마리의 서로 다른 색
깔별명들에서 유래했다. 위에서 인용된 발췌문들은 (드물게는 '퀴
야바'로 호칭되는) 퀴야마 즉 "검둥개"는 달개(월견)이고 콰발라 즉
"점박이개 또는 얼룩박이개"는 해개(태양견)라고 분명히 예증한다.
『리그베다』제10권 제14찬시 제10연에서는 개 두 마리가 '콰발라
우'라는 이중명칭으로 한꺼번에 호명된다.
　그러나 베다에서 통용된 특유의 호칭기법을 근거로 삼아 그 개들
의 최초이름은 "두 점박이개"였다고 생각할 사람도 있을 수 있다.
이 호칭기법은 잠식하는 이중성ecliptic dual을 띤다. 쌍을 이루어 서로
를 암시하는 긴밀하거나 자연스러운 두 사물은, 이 호칭기법의 적

용을 받으면, 둘 중 어느 하나의 이중성을 기준으로 호칭될 수 있다. 그러니까 예컨대, 글자 그대로는 "두 어머니"를 뜻하는 호칭 마타라우matarau와 "두 아버지"를 뜻하는 호칭 피타라우pitarau 중 어느 것이라도 이 호칭기법의 적용을 받으면 "부모"를 의미할 수 있다.[63]

16. 콰발라스Çabalas와 케르베로스Kerberos는 동의어들일까?

지금으로부터 100년 전쯤 인디아에서 활동한 독일계 브리튼 동양학자 프랜시스 윌퍼드Francis Wilford(1761~1822)가 《아시아틱 리서치스Asiatick Researches》에 기고한 글에서는 다음과 같은 대목이 발견된다.

> 『푸라나』[64]에 기록되었듯이, 지옥의 제왕 야마는 개 두 마리를 부린다. 두 마리 중 얼룩박이개의 이름은 케르부라Cerbura이고 검둥개의 이름은 샤마Syama이다.[65]

그리고 윌퍼드는 당연하게도 케르부라를 케로베로스와 비교한다. 윌퍼드는 판디트[66]의 설명을 듣고 케르부라의 생김새를 알았다.

---

63   예컨대, 그리스어 아얀테Aiante도 아약스Ajax[트로이Troy(트로이아Troia) 전쟁의 영웅 이야스Aias(아이아스)]와 테우크로스Teukros(테우케르Teucer)를 한꺼번에 의미한다. 베르톨트 델브뤼크Berthold Delbrück(1842~1922: 독일 언어학자), 『인도유럽어들을 다루는 비교통사론Vergleichende Syntax der indogermanischen Sprachen』, I, p. 137.

64   【『Purana』: 인디아의 고대 신화시집神話詩集.】

65   《아시아틱 리서치스》 III, p. 409.

66   【pandit(펀디트pundit): 현대에는 주로 인디아 현자, 학자, 전문가를 가리키는 이 호칭은 19세기후반에는 인디아 북부지역을 탐사하거나 방문한 브리튼 공직자나 군관의 자문역을 수행한 브라만 계급의 학자나

또한 그 판디트는 검둥개의 이름 '콰발라'가, 힌두교경전학자들이 정례적으로 해석하듯이, "얼룩박이"를 뜻하는 산스크리트어 카르부라karbura에서 유래했다고 윌퍼드에게 설명해주었다.

지금으로부터 50년 전쯤에는 프리드리히 막스 뮐러, 독일의 인디아학자 겸 역사학자 알브레히트 베버, 독일의 문헌학자 테오도르 벤파이Theodor Benfey(1809~1881) 같은 여러 출중한 학자가 '콰발라'라는 낱말을 그리스어 케르베로스(드물게는 케르벨로스kerbelos)와 비교하면서 동일시했다. 그러나 그때부터 이런 동일시는 사소한 음성표기상의 오차를 트집잡히면서 다양한 분야의 학자들로부터 꽤나 맹렬한 비난을 받아왔다. 이런 비난의 동조자는 단지 '아폴로Apollo라는 신명神名의 그리스어 음성표기가 — 아폴론Apollon, 아펠론Apellon, 압펠론Appellon, 아페일론Apeilon, 아플로운Aploun 같은 식으로 — 급속하게 변해왔다'는 사실만 상기해도 '신화적 고유명사들의 음성표기법을 엄격하게 고수하라는 보수주의적 요구는 쓸데없다'고 깨달을 수 있을 것이다.

주격명사 콰발라스는 그리스어로 음역音譯되면 케베로스Keberos 혹은 케르벨로스Kerbelos로 표기된다. 거꾸로 그리스어 케브레로스Kebreros가 베다 생성시대의 산스크리트어로 음역되면 쾰발라스Çalbalas로 표기되고, 또 혹시라도 방언화方言化되면, 쾁발라스Çabbalas로 표기될지 모른다. 그런데 냉정한 관점에서는 '위의 낱말들이 그

전문가를 가리키는 호칭이었다.】

리스어로나 산스크리트어로 음역되면서 원어표기와 훨씬 더 다르게 표기되도록 조작되지 않았다'는 사실이 오히려 놀랍게 보인다. 그래서 그런지 오늘날에는 동일시를 거부해야 마땅하다고 보는 견해도 제기되고, 나의 견해와 비슷하게, 가장 견실한 언어과학은 궁극적으로 두 언어(그리스어와 산스크리트어)의 음성표기법들을 상이하게 만드는 모순을 진지한 수용受用의 문제로 간주하지 않으려 하리라고 보는 견해도 제기되지만, 이 견해들의 타당성을 증명하는 과업은 확실히 부담스러울 수밖에 없다.

그러나 콰발라스와 케르베로스라는 명칭들이 동의어들이든 아니든 신화 자체는 엄연히 존재한다. 우리가 베다의 내용들을 조심스럽게 다루면서 차근차근 도출하는 설명은 신화에 일정한 성격을 부여한다. 그래서 이제 그런 설명은 착잡한 지옥도를 묘사하는 음침하고 불확실한 수법이 아니라 중요한 우주현상을 해명하는 이례적으로 명료한 방법일 수 있다.

해와 달은 하늘을 가로질러 운행한다. 그런 하늘의 저 너머에는 광명세계와 극락이 있다. 사냥개들은 어떤 순간에는 승천행로를 지키는 감시견들로 여겨지고 또 어떤 순간에는 승천하는 망혼을 인도할 수 있는 안내견들로도 여겨진다. 또 다른 순간에 그 개들은 날마다 지상의 인간들을 끊임없이 굽어보기 때문에 저승길에 오를 후보자들을 뽑아 데려갈 저승차사들로 여겨진다. 그때 야마와 그의 천상낙원은 플루토(하데스)와 지옥에 불과한 것들로 격하된다. 그러면 개 두 마리의 끔찍한 성격은 고스란히 그 개 두 마리의 몫으로 남을 수 있다. 그리고 개 두 마리는 다양하게 혼합되어 파르시의 네눈박이개나 쌍두 케르베로스 — 종래에는 대가리 여럿을 겸비한 다두多頭 케르베로스 — 같은 개 한 마리로 단일해진다.

17. 여타 지옥견들

인도유럽어족(아리아족Aria族)[67]에 속하지 않는 인간종족들 사이의 곳곳에서 출현하는 지옥견의 모습은 독자들의 평정심을 교란하기 쉬울 것이다. 그래서 예컨대, 스위스 신학자 요한 게오르크 뮐러Johann Georg Müller(1800~1875)의 『아메리카 원시종교들의 역사 Geschichte der amerikanischen Urreligionen』(제2판, p. 99)에는 지옥의 강을 건너는 망혼들을 잡아먹으려고 으르렁거리는 개 한 마리가 언급된다.

러시아 남서부 볼가Volga 강 중류지역에 거주하는 모르도바족 Mordova族의 풍습들 중에는 망인의 시체와 몽둥이 하나를 함께 관에 넣는 풍습도 있는데, 왜냐면 모르도바족은 반드시 그리해야 망혼이 지옥관문의 파수견들을 멀리 쫓아버릴 수 있다고 믿기 때문이다.[68] 그러나 모르도바족은 자신들의 신화를 구성하는 많은 요소를 고대 이란인들의 신화에서 빌려왔다.

북아메리카의 휴런족Huron族과 이로쿼이족Iroquoi族은 언젠가 기독

---

67 【Indo-Europe語族: 여기서 '인도Indo'는 '인디아India'의 형용사이다.】
68 프리드리히 막스 뮐러, 『신화과학논집Contributions of the Science of Mythology』, p. 240.

교선교사들에게 다음과 같은 이야기를 들려주었다·

망혼은 세차게 흐르는 깊은 강 위에 걸쳐진 오직 가녀린 나무 한 그루만으로 만들어진 다리를 건너가야 할뿐더러 강을 건너서도 맞닥뜨릴 개 한 마리의 공격을 스스로 방어해야 한다.[69]

분별력을 갖춘 여느 민족학자나 고전문헌학자도 '이 모든 관념은 발생하면서부터 서로 유관하며, 우연하게 거듭 재생되는 관념은 결코 없다'고 주장하지는 않을 것이다· 개는 동물신화 속에서 현저하게 돋보인다· 신화적 개의 역할들 중 한 가지는 감시(또는 파수)이다· 순수하고 단순한 개가 유기적인 어떤 의미도 곁들여 갖추지 않고 ― 그저 사납게 짖어대는 감시견으로서 ― 이런 관념들의 영역으로 우연히 들어서버렸을 가능성은 매우 높고, 어쩌면 십중팔구 그랬을 것이다· 그러나 "우리는 무지해서 무능하다"라는 진술은 아무것도 증명하지 못한다· 우리가 비록 확언할 수는 없더라도, 하여튼, 우리는 '상이하게 보이는 그런 관념들은 본질적으로 동일한 원천에서 유래했다'고 추정할 수는 있다· 왜냐면 승천하는 망혼의 여행은 그 망혼을 추격하는 천체 ― 해나 달, 아니면 해와 달 모두 ― 의 방해를 받기 때문이다·

어쨌거나 인도유럽어의 유기적 속성은, 혹은 적어도 힌두교 신화

---

69 대니얼 개리슨 브린턴Daniel Garrison Brinton(1837~1899: 미국 고고학자 겸 민족학자), 『신대륙의 신화들The Myths of the New World』(제2판), p. 265.

의 속성은, 그런 천체를 안내자 겸 철학자로 보이게 만든다. '하늘을 가로질러 운행하는 이중성을 띤 해와 달이 지옥사냥개 두 마리로 발달하는 단계들'은 '아버지 제우스 즉 "아버지 하늘"이 엉뚱한 장난을 일삼고 연애행각을 벌이며 도심을 누비는 귀족신사처럼 쾌활한 조우브[70]로 발달하는 단계들' 못지않게 명확하다. 그런 발달단계들을 거꾸로 되짚어보는 사람은 '힌두교 신자들이 처음에는 개 두 마리를 상상했고 마지막에야 그 개들을 해와 달과 동일시했다'고 추측할 수 있다. 이렇게 추측하는 과정은 발원지로 역류하는 강물을 상상하는 과정만큼이나 쉽고 자연스럽다.

18. 프리드리히 막스 뮐러의 케르베로스

이 비교신화학논문은 내가 수년 전 어느 학술지에 기고한 논문 「야마의 개 두 마리의 새로운 역할The two dogs of Yama in a new role」[71]을 발전시킨 것이다. 이미 고인이 된 친구 프리드리히 막스 뮐러는 교양인들의 관심을 비교신화학의 문제들에 집중시킬 수 있는 글재주를 타고난 모든 필자 중에도 가장 유명했다. 그는 《런던 아카데미London Academy》(1892년 8월 12일 제1058호, pp. 134~135)에 기고한 「베다 해석에 기여한 블룸필드 교수의 공헌Professor Bloomfield's Contributions to the Interpretation of the Veda」이라는 논평에서 고맙게도 나

---

70 【Jove: 그리스의 제우스와 동일시되는 로마의 유피테르Jupiter(주피터)의 별명.】

71　이 논문은 1891년 5월 5일 개최된 미국동양학회American Oriental Society 학술대회에서 발표되었고, 같은 학회에서 발간된 《미국동양학회지Journal of the American Oriental Society》(Vol. XV., pp. 163 이하)에 수록되었다.

의 주장을 진지하게 다루었다. 그 논평에서 뮐러는 케로베로스 신화를 해석하는 그의 견해와 나의 견해가 일정한 유사성을 공유한다는 사실을 확인하려고 애쓴 듯이 보인다. 그런데 나의 관점에서는 그런 유사성이 완전한 착각의 소산으로 보인다. 뮐러가 『신화과학논집』 서문에서 이 주제를 다루며 내린 결론은 그의 견해와 나의 견해가 다르다는 사실을 명백히 증명할 것이다. 그는 베다에 나오는 — "밤(夜)"을 뜻하는 낱말 콰르바리çarvari에서 파생한 — 콰르바라çarvara를 케르베로스와 언제나 동일시했을 뿐 아니라 그 서문에서도 역시 동일시한다. 그가 내린 결론은 다음과 같다.

> 그 관념의 근원은 …… 인디아의 토착 신화학자들이 후기 베다 시대에도 완전히 망각하지 않았을 밤의 암흑 — 콰르바람 타마스çarvaram tamas — 에서 발견되어야 할 것이다.[72]

이런 견해와 나의 견해는 가장 미미한 접촉점도 공유하지 않는다. 개 두 마리 중 한 마리의 이름인 콰발라는 "점박이, 광명"을 의미한다. 그래서 콰발라는 콰르바람 타마스와 매우 상반된다. 달개(월견)의 이름과, 변이를 겪은 밤개(野犬)의 이름은 콰발라도 아니고 콰르바라도 아닌 "검다"를 뜻하는 쉬야마çyama나 쉬야바çyava이다. 개 두 마리가 낮과 밤에 결부되는 방식은 해와 달이 날마다 분담하는 역할에

---

72 막스 뮐러, 『신화과학논집』, p. xvi.

결부되는 방식일 뿐이지 다른 여느 방식도 아니다. 베다 신화 속에는 원래 킴메리아의 암흑과 관련된 것은 아예 존재할 수 없었다. 왜냐면 그 신화는 애초부터 지옥을 다루지 않고 천상을 다루며, 암담한 내생을 다루지 않고 행복한 내생을 다루기 때문이다.

19. 케르베로스와 비교신화학

이 단원은 이 비교신화학논문의 결론에 해당한다. 여기서 나는 '비교신화학의 방법들과 결론들에 파산선고를 내린 학자들, 작가들, 평론가들의 관심'을 '인도유럽계 자연주의신화自然主義神話를 확인하려는 나의 시도'로 유도하고자 한다. 나는 그들에게 다음과 같은 가능성을 숙고해달라고 부탁하고 싶다. 그것은, 베다를 감안하는 관점에서, 초기의 내생관념들이 '널따란 대문을 갖춘 하데스의 궁궐로 이어지는 지형학적으로 불안정하고 전혀 확정될 수 없는 동굴들과 골짜기들'보다는 오히려 '해와 달을 거느린 가시적 천상'으로 변이했을 가능성이다. 그래서 케르베로스 신화의 증식장소가 지옥이 아닌 천상일 가능성은 매우 높다.

고대의 해설자들은 오직 승천행로를 지키는 개 한 쌍만이 케르베로스 한 쌍으로 변모할 수 있어야 합당하다고 생각했다. 베다에서 해와 달은 케르베로스들이라고 단언된다. 베다 시대에, 그리고 점진적 발달단계들을 거치면서, 천상신화는 지옥신화로 변이했다. 베다의 예언자들은 플루토도 하데스도 스틱스도 카론도 전혀 몰랐다. 그래도 그들은 쌍을 이루는 개 두 마리를 알았다. 그리하여 야마가 플루토로 변이하고 야마의 천상이 플루토의 지옥으로 변이하면, 그리고 오직 그래야만, 야마의 개들도 그리스의 삼두 케르베로스나 쌍두 케르베로스로 변이할 수 있다. 어쩌면 고대 그리스인들도 처음에는 천상의 장면들을 상상했고 나중에야 땅속 지옥의 장면들을 상상했으며 '케르베로스는 원래 천상에서 태어났다'고 상상했을 가능성이 유력하지 않겠는가?

　케르베로스 신화에 담긴 그런 관념들의 생명력, 내구력, 단순한 생성배경을 고찰하고 '그런 관념들의 한 가지 특징이 다른 특징으로 자연스럽게 변이하는 과정'을 고찰하는 작업은 이 가능성을 확인시켜줄 것이다. 그런 작업은, 예컨대, '해와 달(낮과 밤)을 생각하는 관념들'과 '지상에서 살아가는 인간의 불안한 생활, 죽음, 내생'을 연계하여 고찰하는 작업이기도 할 것이다. 비교신화학의 방법들과 결과들을 정직하게 평가할 비평가들도 이것들을 고찰해본다면, 비록 그들이 여태껏 비교신화학의 많은 실패를 빌미로 삼아 비교신화학을 당연히 의심해왔을지라도, 언젠가는 "네눈박이개 두 마리를, 점박이개와 검둥개를, 콰발라우를, 사라마 종족을 마주쳐도 곧장 앞으로 달려가는" 데 성공하리라고 나는 믿는다.

제2편

신화, 설화, 문학에 등장한 개들

개신화(犬神話)는 상대적으로 더 신중하게 해석되어야 할 동물신화들 중 하나이다. 일반적인 개가 건축물의 현관층계에 머물듯이, 신화 속의 개는 일반적으로 하늘관문에서 발견된다. 하늘관문은 두 아슈비나우[1]와 연계되는 아침과 저녁을 의미한다. 주요한 개-신화의 구성을 결정한 그 관문은 일순간에만 지속한 덧없는 현상이었다. 그 순간이 지나면 개-신화의 본성은 변한다. 내가 다른 곳에서 언급한 이른바 "개와 늑대 사이entre chien et loup"라는 프랑스어 숙어도 어스름(저물녘 또는 새벽녘)[2]을 의미한다. 그래서 개는 저물녘의

---

1 【Asvinau: 쌍을 이루는 해와 달, 아침과 저녁, 새벽녘과 저물녘, 아침놀과 저녁놀(황혼), 말馬 두 마리, 승마기수 두 명을 뜻하는 산스크리트어.】

2 레우코포스Leukophos(뤼코포스Lykophos). 프랑스 역사학자 뒤 캉주Du Cange(1610~1688)의 『중세 및 근세 라틴어 용어해설집Glossarium mediae et infimae Latinitatis』(1678)에 인용된 프랑스 신학자 윌리암 브리통William Briton(빌켈무스 브리토Vilkelmus Brito; 기욤 브르통Guillaume Breton, ?~1356)의 시구에 포함된 라틴어절에서 어스름은 "밤도 아니고 낮도 아니며 밤낮도 아닌 시간Tempore quo neque nox neque lux sed utrumque videtur"이라고 정의되며 이어서 "개의 시간과 늑대의 시간 사이Interque canem distare lupumque"라고 정의된다. 고대 로마 자연철학자 플리니우스Gaius Plinius Secundus(Pliny the Elder, 23~79)와 문법학자 솔리누스Gaius Julius Solinus(3세기 중엽)는 어스름에는 "하이에나의 그림자가 개의 주둥이를 막는다," "밤이 황혼을 내쫓는다," "달이 희미해진다"라고 묘사했다.

일순간을 선도하고 새벽녘의 일순간을 뒤따른다. 그렇다면 개는, 요컨대, 아침저녁어스름의 가장 밝은 순간이다. 밤의 관문들을 지키는 수문견으로 인식되는 개는 대체로 장례식에 어울리고 지옥을 지키는 무서운 동물로 묘사된다. 낮의 관문들을 기키는 수문견으로 인식되는 개는 일반적으로 상서로운 동물로 묘사된다. 그리고 두 아퀴비나우 중 하나는 달과 특별한 관계를 맺고 다른 하나는 해와 특별한 관계를 맺는다. 그래서 신화적인 개 두 마리 중 한 마리는 특히 달개(월견)이고 다른 한 마리는 특히 해개(태양견)이다. 이 개 두 마리 사이에서 우리는 그 개들의 어미인 암캐를 발견한다. 내가 오해하지 않았다면, 그 암캐는 이제 하늘을 떠도는 달, 남성영웅과 여성영웅의 앞길을 밝히며 안내하는 달, 구름을 찢는 번개, 암소들의 은신처나 용천수들의 은거지를 노출시키는 번개를 상징한다.

여기서 우리는 세 가지 신화적인 개를 만난다. 첫째 개는 저녁에 서쪽하늘관문에서 마주치는 태양영웅을 위협하며 으르렁거리는 사나운 개이다. 둘째 개는 밤의 숲속에서 사냥하는 태양영웅을 돕고 위험에 빠져들지 않도록 안내하며, 구름의 그림자나 어둠에 가려진 적들의 매복지들을 태양영웅에게 알려주는 더욱 능동적인 개이다. 셋째 개는 아침에 음산한 지역을 빠져나와 동쪽하늘로 올라가는 태양영웅을 관망하는 조용한 개이다.

이제부터 힌두교 신화에 나오는 이 세 가지 개를 간략히 살펴보기로 하자. 나의 관점에서 신화적인 암캐는 때로는 달을 상징하는 듯이 보이고 때로는 번개를 상징하는 듯이 보인다. 인디아에서 이 암캐의 이름은, 정확하게는, 걸어가는 여자, 달려가는 여자, 흘러가는 여자를 뜻하는 사라마Sarama이다. "개는 달을 보고 짖는다"는 속설은 도둑들과 관련된 것이다. 달을 보고 짖는 개[3]는 아마도 몰래 접근하는 도둑들을 보고 짖어대는 개와 동일할 것이다.

『리그베다』 제10권 제108찬시에서는 수전노들 혹은 도둑들(파나야스Panayas)과, 그들의 보물을 탐하는 인드라의 차사差使 암캐 사라마가 맞닥뜨리는 극적인 장면이 연출된다(제108찬시 제2연). 사라마는 파나야스에게 가려고 라사Rasa(지옥강)를 건넌다. 보물은 부유한 파나야스가 암소들, 말들과 함께 거주하는 산에 은닉되어 있다. 파나야스는 사라마에게 그들의 누이가 되어 그들과 함께 지내며 암소들을 잡아먹자고 요청한다. 사라마는 자신은 이미 인드라의 누이이자 무서운 앙기라스[4]의 누이이기 때문에 파나야스와 남매관계를 맺을 수 없다고 대답한다(제108찬시 제2연, 제7연, 제10연).

『리그베다』 제1권 제62찬시에서 바위 속에 숨은 암소들을 찾아낸 암캐 사라마는 자신의 새끼한테 가져다줄 먹이를 인드라와 앙기라스로부터 받아낸다. 그러자 인간들은 아우성치고 암소들은 울부

---

3 고대 로마에서 개는 사냥여신 디아나Diana에게 봉헌되었고, 디아나와 달(月)은 동일시되었다. 그래서 "델리아는 개들과 친하다Delia nota canibus"라는 라틴어 속담도 있다.【'디아나'는 달을 상징하고 사냥과 출산을 주관하며 야생동식물과 처녀들을 수호한다고 믿긴 그리스 여신 아르테미스Artemis와 동일시되는 로마 여신이고, '델리아Delia'는 디아나의 별명이다.】

4 【Angiras(앙기리스Angiris): 힌두교 신화에 나오는 화신 아그니와 그의 딸 아그네야Agneya(아그네위Agneyi)의 자손들을 가리키는 총칭. 천상에 거주하는 앙기리스는 지상에서 야지나Yajna(성화제사聖火祭祀)를 거행하는 인간들을 감시하고 성화를 수호하는 임무를 수행한다고 믿긴다.】

짖는다(제62찬시 제3연). 태양을 향해 나아가는 사라마는 태양의 행로(황도黃道)에서 암소들을 발견한다(제5권 제45찬시 제7~8연). 인드라가 산을 쪼개어 벌리자 사라마는 첫째 용천수로 인드라를 인도한다(제4권 제16찬시 제8연). 그리하기 전에 사라마는 산의 균열지점을 미리 탐색하여 인드라에게 일찌감치 알려주었다. 사라마는 인드라를 첫째 용천수로 재빠르게 인도했고, 인간들은 아우성치기 전부터 어떤 소음을 들었다(제3권 제31찬시 제6연). 그 소음은 용천수가 내는 소리, 아니면 급류하천들(나다스nadas 강, 나디스nadis 강)이 내는 소리, 아니면 울부짖는 암소들(가바스gavas)의 소리일 수 있다. 그리하여 은신처들과 은거지들을 발견하는 이 암캐는 이제, 밤의 어둠을 뚫고 나아가는 한에서, 달로 간주된다. 또한 이 암캐는, 구름을 뚫고 나아가는 한에서, 번개로 간주된다.

이런 다의성의 비밀은 사라마의 어근 사르sar에 숨어있다. 우리는 『리그베다』에서 도둑들 혹은 괴물들의 누이로 대접받지 않으려는 사라마를 발견한다. 『라마야나』[5] 제6권 제9장에서 괴물들 중 하나의 아내 — 도둑 라바나스Ravanas의 친형(또는 친아우)의 마누라 — 는 사라마로 호칭되고, 사라마는 괴물을 편들기는커녕 라마와 '라마의 납치당한 아내 시타'를 편든다.

우리가 이미 알다시피, 달은 유익한 암소나 착한 요정, 마돈나[6] 같

---

5 【『Ramayana』(『라마야남Ramayanam』): 이것은 고대 인디아 서사시집인데, 인디아 북동부의 코살라 Kosala 왕국을 다스린 초인적인 국왕 라마Rama가 마왕 라바나Ravana한테 납치된 왕비 시타Sita를 구출하면서 겪는 장대한 모험들로 구성되었다.】

6 【Madonna: 기독교계에서 나사렛 예수를 낳았다고 믿기는 동정녀 마리아Maria의 별칭.】

<숲으로 추방당한 시절의 라마, 그의 아내 시타, 그의 동생 락슈마나Lakshmana>
1780년경 필사筆寫된 『라마야나』에 수록된 삽화

은 존재이다. 사라마는 (또 다른 자비로운 괴물 락샤시[7] 수라마Surama
와 어쩌면 오직 부정확하게만 동일시될 것이다[8]) 시타의 남편 라마
가 시타를 구하러 오리라고 예언하면서 시타를 위로한다. 나의 관점
에서 그런 사라마는 '달의 또 다르게 의인화된 모습'으로 보인다. 그
래서 (제6권 제10장에서) 시타는 '자신과 사라마가 천상을 함께 날아
다닐 수 있고 수중지옥(라사탈람rasatalam)에도 함께 들어갈 수 있을
만큼 다정한 쌍둥이자매(사호다라sahodara)처럼 느껴진다'고 말하면
서 사라마를 칭찬했다.[9]

시타의 다정한 여자형제는 또 다른 빛나는 존재일 수밖에 없다.
그런 여자형제는 러시아 설화집『아파나시에프Afanassieff』에 수록
된 설화 속에서 친아비한테 강간당한 처녀가 지하세계에서 발견
하는 선량한 여자형제이다. 그 처녀는 지하세계에서 그 여자형제
의 위로와 도움을 받아 마녀의 세력권을 벗어난다. 그 처녀를 돕는
여자형제가 바로 달이다. 달은 밤의 캄캄한 하늘에서 빛나는 천체
이거나 음산한 지옥 같은 곳에서 빛나는 형체이다. 그런 달이 어두
운 밤하늘의 동쪽과 서쪽에 드리우는 두 가지 빛나는 장막 같은 관
문들은 각각 새벽의 오로라aurora와 저녁의 오로라이다. 구름 낀 하
늘에서 빛나는 형체들은 광원들이고 천둥번개들이다. 이탈리아 자
연학자 율리세 알드로반디Ulisse Aldrovandi(1522~1605)가 고대 그리스

---

7 【Rrakshasi: 힌두교 신화에 나오는 괴물 락샤샤Rakshasa의 여성형.】

8 『라마야나』제5권 제62장.

9 앞에 인용된『리그베다』의 내용들과 비교.

문법학자 겸 소피스트 율리오스 폴리데우케스loulios Polydeukes(율리우스 폴룩스Julius Pollux: 2세기경)의 기록에서 인용했듯이, 고대 그리스인들은 이 빛나는 신화적 천체들 중 하나를 근거로 삼아 '헤라클레스의 개[10]가 가장 먼저 물어뜯은 자주색(진홍색)의 발명자는 개였다'고 생각했다.

아이소포스 우화[11]에 나오는 개는 이렇듯 살코기를 물고 다니는 신화적 개의 변종이다.[12] 저녁놀에 물들어 붉은 하늘이 아침놀에 물들면 자주색(진홍색)을 띠는데, 그 자주색은 개가 저녁에 물고 있다가 밤의 바닷물에 떨어뜨린 살코기와 같다. 고대 인디아 동물설화집 『팡차탄트라Panchatantra』에서는 저녁사자(석양)가 개를 대신한다. 저녁사자는 연못(또는 밤의 바닷물)에 비친 또 다른 사자(달, 자신의 영상, 밤 또는 구름)를 보고 연못에 뛰어들어 갈가리 찢어발기려다가 결국 익사해버린다. 산토끼(달)는 굶주린 저녁사자를 꾀어

---

10 【이 개는 '케르베로스'를 의미한다.】

11 【한국에서 '이솝Aesop'으로 알려진 고대 그리스 노예출신 우화작가 아이소포스Aisopos(서기전620경~564)가 창작한 우화.】

12 14세기경에 집대성된 페르시아 우화집 『투티나메Tuti-Name』(『투티나마Tutinama』)에는 뼈다귀나 살코기를 물고 있다가 놓치는 개를 대신하는 여우가 등장한다. 아이소포스의 우화에 나오는 개는 뼈다귀를 물고 가다가 냇물에 비친 자신의 모습을 보고 짖는 바람에 뼈다귀를 냇물에 떨어뜨린다. 이탈리아 중서부의 토스카나주Toscana州에서 전해지는 설화들 속에서는 아무리 용감무쌍한 영웅도 자신의 곡두(환영幻影)를 보면 죽는다. 진짜 영웅을 대신하여 나타나서 아름다운 공주를 아내로 삼는 사악한 괴물(영웅의 곡두)은 수많은 설화에서 발견된다. 그런 괴물은 인드라를 상기想起시킨다. 『리그베다』에서 괴물 브리트라Vritra를 죽이고 강을 건너 달아나던 인드라는 어쩌면 브리트라의 망령 같은 것을 보거나 자신의 곡두 같은 것을 보았을 것이다. 『아이타르 브라마나Aitar Brahmana』 제3권 제2, 15, 16, 20장에서도 인드라와 브리트라의 싸움이 묘사되는데, '브리트라를 죽인 인드라는 몸을 숨겼으며, 피타Pita들(예컨대, 저승혼령들)이 인드라를 다시 발견한다'고 부연된다. 인드라는 자신이 브리트라를 죽였지만 진짜로 죽이지는 않았다고 생각한다. 그러자 신들은 인드라를 떠나버린다. 오직 마루트Marut들만 (암캐 사라마에게 친절한 개들처럼) 남아서 인드라를 계속 추종한다. 아침에 인드라한테 살해당한 괴물은 저녁에 되살아난다. 『리그베다』의 다른 대목들에서는 인드라가 '브라만 살해죄殺害罪brahmanicide'를 범해서 죄책감을 느끼고 괴로워서 달아날 수밖에 없었다고 설명된다.

<인드라가 번갯불을 쏘아 브리트라를 죽이는 장면>
고대 인디아 서사시집 『마하바라타Mahabharata』(고라크푸르 게타 출판사Gorakhpur
Geeta Press 판본 제2권)에 수록된 삽화

물에 빠뜨려 익사시키는 동물이다.

암캐 사라마가 낳은 수캉아지 두 마리는 어미 사라마의 특성 몇 가지를 물려받는다. 이제 그 수캉아지 두 마리는 사라메야우Sarameyau라고 총칭되면서 한꺼번에 언급되지만 서로 분명히 구별된다. 그래서 두 마리 중 단 한 마리만이 사라메야스Sarameyas라고 호칭될 수 있는 가장 확실한 정통성을 보유한 개로 인정되는데, 독일 문헌학자 겸 민속학자 아달베르트 쿤Adalbert Kuhn(1812~1881)은 사라메야스와 그리스의 헤르메스 또는 헤르메야스가 동일하다고 일찍이 증명했다. '상인들 또는 도둑들인 파나야스와 관련된 사라마'

와 '신의 차사 사라마'는 '도둑들과 상인들의 수호신'이자 '신들의 전령사'인 메르쿠리우스(헤르메스) 전설의 결정적 실마리를 우리에게 제공한다.

베다의 어느 찬시에서는 지옥문, 혹은 괴물들의 거주지, 혹은 망령들의 왕국을 지키는 개 두 마리가 매우 선연하게 묘사된다. 저승으로 가는 망혼은 다음과 같은 기도를 듣는다.

사라마의 자식들이자 올바른 길을 지키는 네눈박이점박이개 두 마리를 무사히 지나쳐서, 자비로운 영령들을 만날 수 있도록, 그를 도와주소서.(왜냐면 저승에는 악랄한 망령들이나 두르비다트라Durvidatrah도 있기 때문이다.)

"길을 지키다가 인간들을 발견하면 커다란 콧구멍을 벌름거리며 감시하는 흉포한 감시견들"로 알려진 이 개들은 "야마의 근면하고 강맹한 차사들이다." 이 개들은 "양지바른 곳에서 떳떳하고 행복한 삶을 누리도록 돌봐주소서"(『리그베다』 제10권 제14찬시 제10~12연)라는 기도를 받는다. 그러나 『리그베다』에서 일찍이 등장하는 암캐 사라마의 새끼 두 마리는 차례대로 (하나씩) 태어나고, 인드라는 그 강아지들을 잠재워야 한다.[13] 그러나 사라마의 새끼 두 마리 중

---

13 『리그베다』 제1권 제29찬시 제3연. 여기에 쓰인 '차례대로 태어나는'을 뜻하는 산스크리트어 '미투드리샤우mithudrishau'가 『페트로폴리탄 사전Petropolitan Dictionary』에서는 "교대로 나타나는abwechselend sichtbar"으로 풀이된다.

한 마리는 특별한 기도와 경외를 받는 뛰어난 사라메야스이다. 『리그베다』의 찬시에서 묘사되는 이 사라메야스는 "튼튼한 잇몸에 박혀 잘 벼려진 창날들처럼 번들거리는 붉은 이빨을 가진, 빛나는" 존재로서 재생되고 재현되며 "부디 잠드시라"는 간청을 받거나 "강도나 도둑을 향해서만 짖으시고 인드라의 시간에 찬양하는 인간들을 향해서는 짖지 마시라"는 간청을 받는다(제7권 제55찬시 제2연, 제3연). 암캐 사라마는 자신의 수캉아지를 열렬하게 좋아한다. 사라마는 인드라의 암소들을 찾아준 보답으로 자신의 수캉아지한테 가져다줄 먹이를 달라고 인드라에게 요구한다. 그 먹이는 방면된 암소들의 젖이라고 설명하는 해설자도 있다. 아침의 첫햇볕과 저녁의 끝햇볕은 여명의 젖이나 은빛황혼의 젖을 마신다.

고대 인디아 서사시집 『마하바라타』 제1권 제657행과 제666행에서 국왕 가나메가야Ganamegaya의 삼형제는 제사를 지낸다. 그 자리에 동행한 수캉아지 사라메야스는 제단의 제물들에 혀를 대지도 말아야 하고 눈으로 응시하며 탐하지도 말아야 하지만 결국 그런 금기를 어기고 만다. 그러자 가나메가야 삼형제는 사라메야스를 매질하고 학대한다. 그래서 암캐 사라마는 왕 가나메가야를 저주한다(이 전설과 상반되게 보이는 그리스 전설에서는, 디온[14]이 아테네 인근에서 제사지냈고, 그곳에 동행한 백구가 제단에 차려진 제물의

---

14 【디온Dion은 그리스 신화에 나오는 라코니아Laconia(펠로폰네소스 반도의 남부지역)의 왕이자, 아르고스Argos(펠로폰네소스 반도의 동부지역)의 왕 탈라오스Talaos의 아들 프로낙스Pronax의 딸 암피테아Ampithea의 남편이다. 퀴노사르게스Kynosarges(Cynosarges)는 아테네 성벽 외곽에 있던 공공체육관이었다고 알려졌다.】

일부를 훔쳐 먹었기 때문에, 그 제단이 있던 장소에는 퀴노사르게 스라는 지명이 붙었다).

이런 사라마의 전설은 『라마야나』 제7권 제62장에서는 살짝 변형되어 재등장한다. 라마는 자신의 왕국에 해결해야 할 문제들이 잔존하는지 여부를 알아오라고 남동생 락슈마나에게 지시한다. 왕국을 둘러보고 돌아온 락슈마나는 왕국전체가 평화롭다고 말한다. 라마는 왕국을 다시 둘러보라고 락슈마나에게 지시한다. 임무를 마치고 돌아온 락슈마나는 궁궐현관에 곧추서서 짖어대는 개 한 마리를 목격한다. 그 개의 이름은 사라메야스이다. 락슈마나는 라마의 도움을 받아서 궁궐로 들어간다. 그 개는 브라만한테 부당하게 두들겨 맞았다고 불평한다. 브라만이 라마 앞에 호출되어 과오를 실토하고 처벌을 기다린다. 사라메야스는 브라만에게 다음과 같은 두 가지 처벌을 내려달라고 라마에게 청원한다. 첫째, 브라만은 처를 한 명만 두어야 한다(일부다처를 풍자하는 민간속담). 둘째, 사라메야스가 개의 모습으로 환생하기 전에 보좌했던 브라만 가족이 있었는데, 브라만은 바로 그 가족의 가장이 되어야 한다. 브라만은 이 두 가지 처벌을 받았고, 자신의 전생을 기억하는 개 사라메야스는 전생에 지은 죄를 정화할 수 있도록 자신이 죽어 환생했던 바라나시[15]로 돌아간다.

그리하여 개도 케르베로스도 신화적 영웅의 면모를 획득한다. 힌

---

15 【Varanasi(베나레스Benares/바나라스Banaras/카쉬Kashi): 인디아 북동부 갠지스Ganges 강변의 도시.】

두교 신자들의 종교적 신념도 피타고라스학파[16]의 종교적 신념도 윤회는 정죄방법淨罪方法이라고 가르친다. 그리고 분노한 신의 저주는 이제 '신을 분노시킨 영웅의 과오나 그의 친지들 중 한 명이 범한 과오'를 질책하는 징벌이자 보복이다.[17]

때로는 신이 직접 영웅의 미덕을 증명하려고 개의 모습으로 변신하곤 한다. 예컨대, 『마하바라타』의 마지막 권에서 신 야마는 개로 변신하여 유디슈티라Yudhishthira(야마의 아들)를 따라다닌다. 유디슈티라는 사랑하는 야마를 모시듯이 그 개를 응대한다. 마차를 타고 가던 신들이 유디슈티라와 개를 발견하고 그들의 마차에 동승하기를 유디슈티라에게 권유한다. 그러나 유디슈티라는 자신의 충직한 개를 동승시키지 않으면 자신도 동승하지 않겠다고 사양한다.

그러나 때로는 개의 모습이나 (개로 변신한 지옥신 야마가 개-악귀로 변신하기 쉽듯이) 암캐의 모습은 악귀의 실질적이고 특수한 모습이다. 『리그베다』 제7권 제104찬시 제20연과 제22연에서는 올빼미, 박쥐, 개, 늑대, 큰새, 독수리로 변신하는 괴물을 척살해달라고 의뢰받은 인드라가 개-악귀들의 집요한 공격에 시달린다. 제1권 제182찬시 제4연의 화자는 사방에서 짖어대는 개들을 척살해달라고

---

16 【Pythagoreanism: 고대 그리스 수학자 겸 철학자 피타고라스Pythagoras(서기전 570~495)의 가르침과 신념을 추종하는 학파.】

17 그리하여 오비디우스의 『변신담』 제13권 제405~406행에서 트로이 국왕 프리아모스Priamos의 아내 헤카베Hekabe(헤큐버Hecuba)는 여인의 몸으로는 감당하기 힘든 가혹한 고난에 시달리다가 "불행히도 인간의 모습마저 잃어버리고, 이국땅의 하늘을 진동시키는 낯선 개의 무섭게 짖어대는 소리를 듣는다." 『로마가톨릭의례문집Breviarium Romanum』에 수록된 망인추도예배용 기도문에서도 '살아서 신을 섬겼던 망혼들을 짐승들에게 맡기지 마시라'고 신에게 기원하는 문구가 발견된다.

<신들의 마차에 동승하기를 권유받는 유디슈티라와 개>

『마하바라타』(고라크푸르 게타 출판사 판본 제6권)에 수록된 삽화

아슈비나우에게 호소한다. 제9권 제101찬시 제1연과 제13연의 화자는 브리가바Bhrigava가 괴물 마카Makha를 척살했듯이, 수다스럽고 탐욕스러운 개(『조반니 모렐리[18]의 일대기Cronica di Giovanni Morelli』에서 수전노들은 '돈을 탐하는 개들Cani del danaro'이라고 비칭卑稱된다)를 척살해달라고 친구들에게 간청한다. 그래서 붉은 암캐는 아침마다 (새벽하늘에 드리워지는 오로라처럼) 기괴한 모양의 가죽을 덧입는데, 『몽골비사』[19] 제23절에서 그 암캐는 용들의 왕자에게 사로잡힌 아름다운 처녀이다. (달 같은) 붉은 암캐는 오직 밤에만 아름다운 처녀이다. 밤이 가고 아침이 오면 (달이 자신의 자리를 오로라에게 양보하듯이) 그녀는 붉은 암캐로 변한다. 그녀와 결혼한 청년은 이 암캐의 가죽을 소각해버리고 싶지만 그녀는 사라져버린다. 떠오르는 해가 오로라를 제거해버리면 청년도 달과 함께 사라져버린다.

나의 관점에서 『리그베다』 제4권 제18찬시 제13연은 흥미로운 특이사항을 포함하는 듯이 보인다. 어느 독실한 힌두교 신자는 다음과 같이 불평한다.

저는 너무나 가난해서 개의 창자를 구워먹었습니다. 여느 신도 저를 위로해주지 않았습니다. 저는 아내의 임신이 불가능하다는

---

18 【Giovanni Morelli(1371~1444): 이탈리아 정치인 겸 작가.】

19 【『Mongol秘史(원조비사元朝秘史)The Secret History of the Mongols』: 몽골어로 집필된 현존하는 가장 오래된 몽골역사서이지만 저자는 미상이다.】

사실을 알았습니다. 그때 매鷹가 저에게 꿀을 가져다주었습니다.[20]

여기서 우리는 새와 관련되는 개를 발견한다.[21]

『아파나시에프』제4권 제5설화에서는 딱따구리가 자신의 친구인 개에게 먹이와 물을 가져다준다. 그 개가 죽자 딱따구리는 그 개를 대신하여 복수한다. 제4권 제41설화에서는 늙은 마녀가 개를 죽인다. 왜냐면 마녀의 심술궂은 딸이 암탕나귀에게 물려죽자, 개가 그 딸의 뼈들을 부대자루에 담아서 마녀에게 가져왔기 때문이다. 제5권 제20설화에는 뱀과 결혼한 아름다운 소녀의 심부름꾼으로 채용될 만한 능력을 갖춘 개가 등장한다. 그 개는 소녀의 편지를 소녀의 아비에게 전달하고 받은 그 아비의 답장을 소녀에게 전달한다. 예수의 유명한 제자 베드로Saint Peter(시몬 베드로Simon Peter, ?~64/68경)의 전설에서 개는 베드로와 주술사(마법사) 시몬(『사도행전Acts』제8장 제9~24장에 나오는 시몬 마구스Simon Magus)의 전령사 역할을 맡는다. 프랑스 출신 가톨릭성인 로코Rocco(생 로키Saint Roch: 1348경~1379경)의 전설에는 나무 밑에 홀로 서있는 병든 로코에게 빵을 물어다주는 하느님의 개가 등장한다.

---

20 여기서 '꿀을 가져다준 새'는 결국 남근男根을 의미한다. 또한 여기서 '창자'는 이제 (남근상징男根象徵들인) 개의 창자, 물고기의 창자, 당나귀의 창자이고, 동화에 등장하는 여자들이 바라는 것만큼 미묘한 것이며, 새가 가져다준 마두madhu(꿀, 사탕, 꿀술)와 동등한 것이 틀림없다.

21 이탈리아 시인 겸 설화채록자 잠바티스타 바실레Giambattista Basile(1566~1632)의 설화집 『펜타메로네Pentamerone』제4권 제5설화에 나오는 새의 역할은 제3권 제3설화에 나오는 개의 역할과 동일하다. 새는 칼을 물어오고, 개는 뼈다귀를 물어온다. 감옥에 갇힌 공주는 이 칼과 뼈다귀로 감옥에 구멍을 뚫어 감옥을 탈출한다.

<로코에게 빵을 물어다주는 개>
에스파냐 화가Francesco Ribalta(1565~1628)의 1600~1610년작

르네상스 시대 프랑스 인문학자 라비시우스 텍스토르Ravisius
Textor(장 틱시에르 드 라비시Jean Tixier de Ravisi: 1470~1542)는 "페르시
아 왕 키루스 1세Cyrus I(?~서기전 580: 재위 서기전 600경~580)를 키
운 유모의 이름이 퀴나Küna였으며, 그리스의 아스클레피오스[22]처럼

---

22 【Asklepios: 그리스 신화에 나오는 태양신 아폴론과 코로니스Coronis(라피타이Lapithai 국왕 플레갸스
Phlegyas의 딸) 사이에서 태어난 의술신醫術神.】

키루스도 유아기에 개젖을 먹었을 수 있다"고 기록했다.

내가 이미 말했듯이, 개의 전설은 아슈비나우 신화와 관련을 맺고, 말-신화와도 똑같이 관련을 맺는다. 말과 개는 군마軍馬와 사냥개로 간주된다. 군마는 영웅을 태우고 달리며, 사냥개는 흔히 영웅의 소식을 영웅의 친구들에게 전달한다. 이런 사냥개의 역할은 『리그베다』에 나오는 암캐 사라마가 수행하는 신들의 차사 역할과 같다.[23] 말의 모습으로 변신한 영웅은 "저를 악마에게 팔아넘기되 저의 고삐만은 악마에게 내주지 마세요"라고 자신의 아비에게 신신당부한다. 『아파나시에프』 제15권 제22설화에서 개로 변신한 청년은 "대공으로 변신한 악마에게 저를 팔아넘기되 저의 목걸이만은 악마에게 내주지 마세요"라고 자신의 늙은 아비에게 신신당부한다.[24] 대공은 200루블을 노인에게 주고 개를 매입한다. 그런데 노인이 개목걸이를 대공에게 내주지 않으려하자 대공은 노인을 도둑놈으로 몰아세우며 개목걸이마저 달라고 우겨댄다. 난처해진 노인은 결국 개목걸이를 대공에게 건네준다. 그리하여 개는 대공의 수중에 떨어진다. 그러나 개를 끌고 귀가하는 길에 산토끼(달)를 목격한 대공은 산토끼를 잡아오도록 개를 풀어주는데, 개는 그대로 멀리 달아나버린다. 그러면서 개는 영웅의 모습을 되찾고 자신의 아비와

---

23 『펜타메로네』 제1권 제7설화에서는 주술에 걸린 암캐가 젊은 영웅의 소식을 공주에게 전한다.

24 『아파나시에프』 제15권 제7설화에 해당하는 에스토니아Estonia 설화에서는 흑마黑馬를 탄 남자가 개 세 마리를 단단히 결박한다. 왜냐면 그 개들이 풀리면 아무도 그 개들을 제압할 수 없기 때문이다. 북유럽의 『운문 에다』에서는 거인족의 왕자 스뤼메르Thrymer가 회색개(회색견灰色犬)들을 황금사슬로 결박한다.【북유럽 발트해Balt海 중동부 연안에 위치한 에스토니아는 현재 독립국이지만 1940~1991년에는 소련의 지배를 받았다.】

상봉한다. 이 설화에서 청년은 다음번에는 새로 변신하고 그 다음 번에는 말로 변신한다.

『아파나시에프』 제15권 제28설화에서는 황소 한 마리가 숲속의 곰을 피해 달아나는 이반Ivan과 마리Mary를 보호하다가 죽는다. 그렇게 죽은 황소의 사체에서 말 한 마리, 개 한 마리, 사과나무 한 그루가 태어난다. 이반은 말을 타고 개와 함께 사냥하러 나선다. 첫날에 이반은 새끼늑대 한 마리를 생포하여 귀가하고, 둘째 날에는 어린 곰 한 마리를 생포하여 귀가한다. 셋째 날에도 이반은 사냥하러 가지만 개를 깜박 잊고 데려가지 않는다. 그날 대가리 여섯 개를 가진 뱀(육두사六頭巳)이 미남청년으로 변신하여 이반의 누이를 유괴하면서 개를 가둔 창고의 출입문에 자물쇠를 채우고 열쇠를 호수에 던져버린다. 사냥을 마치고 귀가한 이반은 어느 요정의 조언대로 사과나무에서 꺾은 잔가지로 창고의 출입문빗장을 내리친다. 그러자 창고출입문이 열리고 개가 풀려난다. 이반은 개, 늑대, 곰을 풀어주어 육두사를 잡게 한다. 개, 늑대, 곰은 육두사를 잡아서 갈가리 찢어 발기고, 이반의 누이는 무사히 구출된다.

『아파나시에프』 제5권 제50설화에 나오는 전쟁영웅의 개는 악마를 찢어발긴다. 왜냐면 그 악마는 처음에는 황소로 변신하고 다음에는 곰으로 변신하여 영웅의 결혼식을 방해하기 때문이다. 제6권 제52설화에 나오는 두 요정은 개 두 마리를 새끼늑대 한 마리, 새끼 곰 한 마리, 새끼사자 한 마리와 함께 이반 차레비에Ivan Tzarevie에게

준다. 개들은 괴물뱀을 갈가리 찢어발긴다. 이 개 두 마리는 아슈비나우 신화를 우리에게 상기시킨다. 제6권 제53설화에 나오는 괴물은 이반의 머리를 잘라버린다. 이반은 슬하에 아들 두 명을 두었다. 자신들이 개의 자식들이라고 믿는 두 아들은 자신들의 아비를 소생시킬 수 있도록 할 테니 아비에게 갈 수 있도록 허락해달라고 어미에게 하소연한다. 그즈음 지나가던 어느 노인이 이반의 두 아들에게 나무뿌리 하나를 주면서 그것을 이반의 시신에 대고 문지르면 이반을 소생시킬 수 있을 것이라고 일러준다. 두 아들은 그 나무뿌리를 가져가서 이반의 시신에 대고 문지른다. 이반은 소생하고 괴물은 죽는다.

끝으로 『아파나시에프』 제5권 제54설화에서 우리는 수캉아지들이 태어나는 방식을 확인할 수 있다. 그들의 출생방식은 베다의 찬시에 언급된 출생방식과 유사하다. 아들을 갖지 못한 어느 왕은 황금지느러미를 가진 물고기 한 마리를 키운다. 왕은 그 물고기를 요리하여 왕비에게 가져다주라고 궁중요리사에게 지시한다. 그 물고기(남근)의 창자를 암캐에게 던져준 궁중요리사는 물고기의 뼈를 갉아먹는다. 왕비는 물고기의 살을 먹는다. 한날한시에 암캐도 궁중요리사도 왕비도 아들을 낳는다. 세 아들은 똑같이 '이반'으로 명명되고 삼형제로 간주된다. 그러나 세 아들 중에 (가장 어려운 모험들을 완수하는) 최강자인 암캐의 아들 이반은 지하세계에 있는 괴물들의 왕국으로 내려간다(그리스 신화와 로마 신화에 나오는 쌍

<(백조로 변신한 제우스와) 레다>
프랑스 화가 귀스타브 모로Gustave Moreau(1826~1898)의 1865~1875년 작(作)

둥이 디오스쿠리[25] 형제 중 한 명도, 암캐의 아들 이반처럼, 지옥으로
내려가고, 아베스타에 나오는 밝은 색 장례견과 흰색 장례견도 지
옥으로 내려가는데, 이들은 모두 베다에 나오는 사라메야우[26]와 완
벽하게 일치한다[27]).

---

25 【Dioscuri(디오스쿠로이Dioskouroi=게미니Gemini=카스토레스Castores): 그리스 신화에서 스파르타
Sparta의 왕비 레다Leda가 낳은 쌍둥이형제 카스토르Castor(Kastor)와 폴룩스Pollux(폴뤼데우케스
Polydeuces)의 총칭. 인간 카스토르의 아비는 스파르타 왕 튄다레오스Tyndareos이지만, 반신반인 폴룩
스의 아비는 백조로 변해서 레다와 밀통한 제우스이다.】

26 【Sarameyau: 쌍둥이 사라메야스.】

27 독일 동양학자 프리드리히 폰 슈피겔Friedrich von Spiegel(1820~1905)이 편찬한 『벤디다드』 제8권 제
41행 이후, 그리고 프랑스 동양학자 겸 인디아학자 아브람 이아생트 앙크틸-뒤프롱Abraham Hyacinthe
Anquetil-Duperron(1731~1805)은 '바라슈농 노 샤베Baraschnon no schabé'를 설명하면서 '정화淨化하
는 개(정화견淨化犬)'를 다음과 같이 묘사한다. "모베드mobed(모바드mobad: 조로아스터교 사제)는 매
듭 아홉 개가 달린 지팡이를 들고 케이슈스Keischs로 들어가서 지팡이의 아홉째 매듭에 쇠숟가락을 끼

이 설화에서는 '(궁중요리사가) 물고기를 요리하기 전에 세척한 물'을 마신 암말 세 마리는 각각 망아지 한 마리씩을 낳는데, 그 망아지들은 삼형제로서 자랄 뿐 아니라 세 마리 영웅말도 된다. 그래서 유럽의 다른 설화들과 러시아 설화들에서는 암캐의 아들을 대신하는 암말(또는 암소)의 아들이 발견된다. 두 아슈비나우는 이제 말 두 마리이고, 개 두 마리이며, 개 한 마리와 말 한 마리(그리하여 황소 한 마리와 사자 한 마리)이다.[28] 개와 말의 도움을 받아 위험을 모면하는 이반 차레비치는 아슈비나우의 도움을 받아 갖가지 위험을 모면하는 베다의 영웅태양과 똑같다.

인디아 설화들에도 나오고 러시아 설화들에도 나오는 마녀는 '국왕이 궁궐을 비웠을 때 왕비가 낳은, 별처럼 생긴 점을 이마에 달고 태어난, 아들 한 명 혹은 두 명 혹은 세 명'을 강아지 한 마리 혹은 두 마리 혹은 세 마리로 바꿔치기한다. 이런 설화들에서는 박해당하는 왕비의 손이 잘린다. 『아파나시에프』제3권 제13설화에서 마녀는 '자신의 시누이가 상상으로만 저지른 죄악들을 실제로도 저질렀다'고 자신의 남편이 있는 자리에서 시누이를 힐난한다. 마녀

운다. 순결을 잃은 여자도 개 한 마리를 데리고 케이슈스로 들어간다. 그녀가 정화되려면 알몸이 되어야 할 뿐 아니라 개를 품에 안아야 한다. 그리고 그녀는 자신의 오른손을 자신의 머리에 얹고 왼손으로는 개를 안아서 바닥의 돌멩이 여섯 개를 차례로 넘어간 다음에 모베드의 오줌으로 양손을 씻어야 한다." 그리고 『카타야나 수트라Katyayana Sutra』(『카타야나 가택의례서』)에서는 '매월 14일에 단식하는 듯이 보이는 개는 종교적으로 속죄하느라 그리하는가?'라는 문제가 진지하게 논의된다. 스코틀랜드 산스크리트어 학자 겸 인디아학자 존 뮤어John Muir(1810~1882)의 『산스크리트어 문서들Sanskrit Texts』제1권(p. 365) 참조.

28 『펜타메로네』제1권 제9설화에서 개는 괴물암컷을 물어죽이고 말은 그 괴물암컷을 걷어차 죽여서 말형제(馬兄弟)를 자유롭게 만든다.

의 남편은 누이의 양손을 잘라버린다. 오라비한테 양손을 잘린 그녀는 숲속을 방랑한다. 그렇게 몇 년간 방랑하던 그녀는 마침내 숲을 벗어난다. 때마침 그녀를 발견한 젊은 상인은 그녀를 사랑하고 그녀와 결혼한다. 그리고 어느 날 장삿길에 나선 남편이 없는 집에서 그녀는 남자아이를 낳는다. 별, 달, 해처럼 생긴 문양들로 뒤덮인 그 아이의 온몸은 황금이다. 그녀의 시부모는 손자를 봤다는 소식을 알리는 편지를 써서 아들에게 보낸다. 그러나 그녀의 올케마녀가 (벨레로폰[29] 신화에서처럼) 그 편지를 가로채어 '며느리가 절반은 개요 절반은 곰인 괴물을 낳았다'고 위조하여 상인에게 보낸다. 상인은 그 위조편지를 읽고 '제가 귀가하여 저의 눈으로 저의 아들을 직접 확인할 때까지 기다려주시라'는 답장을 써서 부모에게 보낸다. 그 답장마저 가로챈 올케마녀는 '그녀(마녀의 시누이 겸 상인의 아내 겸 상인부모의 며느리)를 내쫓아 멀리 보내버리시라'고 위조한다. 올케마녀의 양손 없는 시누이는 그렇게 소박맞고 젖먹이아들과 함께 방랑한다. 그러던 어느 날 그녀는 실수로 젖먹이아들을 연못에 빠뜨린다. 그녀는 슬피 운다. 그때 어느 노인이 그녀에게 나무그루터기들을 양팔로 안아서 연못에 던져 넣으라고 알려준다. 그녀가 양팔로 나무그루터기들을 안아서 연못에 던져 넣자 그녀의 양팔에는 양손이 다시 붙고, 그녀는 아들을 연못에서 건져낸다. 그리

---

29 【Bellerophon(벨레로폰테스Bellerophontes): 그리스 신화에서 카드모스Kadmos, 페르세우스Perseus와 함께 미케네Mycenae(Mykene) 왕국을 세운 3대영웅으로 묘사되는 벨레로폰은 날개를 가진 페가수스Pegasus(페가소스Pegasos: 천마天馬)를 타고 다니면서, 화염을 내뿜는 사자獅子대가리와 염소몸통과 뱀-꼬리를 겸비한 괴물 키메라Chimera를 척살한다.】

고 그녀는 집으로 돌아가서 남편을 만난다. 그녀가 아들을 남편에게 보여주자마자 빛(아스비아틸로asviatilo)이 집안의 모든 방을 환하게 밝힌다.[30]

세르비아 설화[31]에 나오는 소녀는 의붓어미마녀한테 양손을 잘린다. 소녀의 친아비는 수컷흑마꼬리털 세 가닥과 암컷백마꼬리털 세 가닥을 불태워 만든 재를 이용하여 친딸의 양손목에서 황금손을 자라나게 한다. 숲(혹은 목제상자)에서 황금양손을 달고 나오는 이 소녀는 앞에서 언급된 황금가지들을 가진 사과나무와 동일하다. 사과나무의 황금가지들은 황금손들로 쉽사리 변할 수 있고 나무줄기에서 태어나는 금발의 아들로도 쉽사리 변할 수 있다.[32]잉글랜드의 윌리엄 셰익스피어는 '젊은이를 나뭇가지 같은 존재'로 여기는 관념을 시적으로 표현한다. 셰익스피어의 희곡『국왕 리처드 2세King Richard II』제1막 제2장에서 글로스터Gloster 공작부인은 에드워드

---

30 『아파나시에프』제3권 제6설화도 참조될 수 있다. 그리고『펜타메로네』제3권 제2설화에서는 친오라비가 친누이를 사랑하여 그녀와 결혼하기를 바라자 그녀는 자신의 양손을 스스로 잘라버린다. 또한 이탈리아 비평가 겸 작가 알레산드로 단코나Alessandro d'Ancona(1835~1914)가 주해註解한『중세 산타 울리바 전설들Medieval Legends of Santa Uliva』(Pisa, Nistri, 1863), 독일 민속학자들인 그림 형제[야콥 그림Jacob Grimm(1785~1863)과 빌헬름 그림Wilhelm Grimm(1786~1859)]가 채록한 설화들 중 제31설화(「양손을 잃은 처녀Maedchen ohne Haende」), 러시아 비교문학자 알렉산데르 베셀롭스키Alexander Veselovsky(1838~1906)가 해설한『다키아 왕의 딸Figlia del Re di Dacia』(Pisa, Nistri, 1866)도 참조될 수 있다.【'산타 울리바'는 이탈리아 시칠리아Sicilia 섬의 항구도시 팔레르모Palermo에서 수호성녀로 추앙되는 산타 올리바 디 팔레르모San Olivia di Palermo(울리바 디 팔레르무Uliva di Palermu, 448~463)이고, '다키아Dacia'는 고대 다키아인人(게타이인Getae人)들이 거주하던 현대 동유럽국가 루마니아Rumania와 주변지역의 고대 지명이다.】

31 알렉산데르 베셀롭스키가『다키아 왕의 딸』에 첨부한 서문에서 인용한 세르비아Serbia(동유럽 발칸Balkan 반도의 내륙국가) 문헌학자 겸 언어학자 부크 카라지치Vuk Karadžić(1787~1864)가 편찬한 설화집에 수록된 제31설화.

32 『알베로 디 나탈레Albero di Natale』를 다룬 나(구베르나티스)의 짤막한 에세이 참조.【'알베로 디 나탈레(크리스마스 나무)'는 한국에서 이른바 '크리스마스트리Christmas tree'로 알려진 것이다.】

Edward의 일곱 아들을 가리켜 다음과 같이 말한다.

　에드워드의 일곱 아들이여, 그대들은 한 분의 자식들이니,
　그분의 거룩한 피가 담긴 일곱 유리병 같거나,
　나무뿌리 한 줄기에서 자라난 아름다운 일곱 나뭇가지 같으니.

　힌두교 신화에 나오는 태양신 사비타르Savitar(사비트르Savitr)는 자신의 한 손을 잘리는 대신에 황금손을 얻는다. 그래서 그는 '히라냐하스타Hiranyahasta를 얻은 신' 혹은 '황금손을 얻은 신'이라는 별명을 얻는다. 그러나 『리그베다』 제1권 제116찬시와 제117찬시에는 더욱 흥미로운 내용이 있다. 나뭇가지는 나무의 손이다. 그래서 나뭇가지는 나무의 어미줄기(母幹)에서 떨어져나가는 아들이다. 그러므로 황금아들은 나무의 황금손 즉 황금가지와 동일하다. 황금아들을 얻은 어미는 자신의 아들에게 부착된 히라냐하스타 ― 황금손 ― 를 얻은 어미이다. 베다의 찬시에서 아슈비나우가 왕녀 바드리마티Vadhrimati에게 황금손(히라냐하스타)을 주는데, 그 황금손은 바드리마티의 아들이 된다.[33] 바드리마티는 다의적인 낱말이다. 『페트로폴리탄 사전』에서 바드리마티는 "단순하게는 환관 또는 거세당한 남자와 결혼한 여자를 의미할 따름이지만, 정확하게는 신체의

33　『리그베다』 제1권 제116찬시 제13연, 제117찬시 제24연. 그리고 르네상스 시대 이탈리아 시인 겸 학자 페트라르카Petrarca(1304~1374)가 기록한 '남자의 손과 개에 얽힌 일화' 속에서, 로마 황제 베스파시아누스Vespasianus(9~79: 재위 69~79)는 '개 한 마리가 남자의 손 한 개個를 왕궁식당에 물어다 놓은 사건'을 길조吉兆로 여겼다.

어느 부위를 잘린 여자, 그러니까 동화 속에서처럼, 손을 잘리는 불행을 당하는 대신에 황금손을 얻는 여자를 의미한다"고 풀이된다. 그래서 베다의 여자는 환관과 결혼했기 때문에 아슈비나우로부터 황금손을 가진 아들을 얻는다. 그녀는 한쪽 손만 잃었기 때문에 황금손을 하나만 얻는다. 『리그베다』 제1권 제116찬시 제15연에서도 분란에 휘말려 한쪽 다리를 잃은 처녀 비슈팔라Vishpala는 (앞에 언급된) 아슈비나우로부터 쇠다리(鐵脚) 하나만 얻는다. 그러므로 『리그베다』는 민간에서 널리 유행했으되 충분히 발달하지 못한 주제를 처음부터 포함했다. 그런 주제에는, 우리가 이미 살펴봤듯이, 한 손 또는 양손을 잃은 미성년남자나 미성년여자에 얽힌 설화들뿐 아니라 절름발이남자, 맹인남자나 맹인여자, 추악한 여자나 변장한 여자의 전설들도 포함된다.

그러면 이제 개를 다시 살펴보자. 빠르게 달릴 수 있는 민첩성뿐 아니라 강한 치악력齒握力도 신화에 나오는 개의 현저한 특성이다. 케르베로스는 적들을 물어뜯어 갈가리 찢어버리는 막강한 치악력을 자랑한다. 러시아 설화들에 나오는 개는 영웅의 맹수이고 늑대, 곰, 사자와 협력한다. 민간설화에서는 흉포한 사자들과 포악한 개들이 괴물서식지의 입구를 지킨다.

역사학자 뒤 캉주가 기록한 스위스 북동부 장크트갈렌Sankt Gallen 대수도원 수도승이 했던 말대로라면, "게르마니아 개들canes germanici"은 워낙 민첩하고 포악해서 단독으로 호랑이나 사자마저 너끈히 사냥할 수 있다. 또한, 뒤 캉주가 기록한 설화대로라면, 알바니아Albania 개들은 워낙 크고 사나워서 "황소들과 사자들마저 몰아붙여 물어뜯는다."

고대 로마 저택들의 현관 왼편 수위실에 인접한 벽면에는 사슬에 매인 커다란 개가 그려졌고 "개 조심cave canem"이라는 경고문이 적혔다. 고대 그리스와 로마에서는 카니쿨라[34]의 시간 또는 카니스 시리우스Canis Sirius(개 시리우스)의 시간에 속죄의례들이 거행되었다. 예컨대, 로마의 "카나리아 호스피티아Canaria Hospitia"라는 곳과 "포르타 카툴라리아Porta Catularia(카툴라리아 성문)"라는 곳에서는 카니쿨라의 격분을 달래려고 개 한 마리를 카니쿨라에게 바치는 제사가 거행되었다. 시인 오비디우스는 "개별(犬星)을 모시는 제단에 개 한 마리가 봉헌되었다"고 기록했다. 카니쿨라 또는 카니스 시리우스는 솔 레오sol leo(사자태양)와 연락하여 여름의 열기를 몰아오면서 악마들을 함께 데려온다고 믿겼는데, 속죄의례들의 목적은 그런 악마들을 물리치는 것이었다. 그런 의례는 개를 도살하는 축제(퀴노폰티스[35])와 함께 거행되었다.

또한 스킬라의 샅[36]과 짖어대는 개들의 전설도 있다.[37] 그리스 신화

---

34 【Canicula: '작은개(소형견小形犬)'를 뜻하는 이 낱말은 시리우스Sirius의 동의어이고, 시리우스는 밤하늘의 '큰개자리'에서 가장 밝게 빛나는 별(항성)의 명칭이기도 하다.】

35 【künophontis: 이 축제와 함께 고대 로마에서 매년 거행된 의례는 '수플리키아 카눔supplicia canum(개들에 부과하는 징벌)'이라는 희생의례였다.】

36 【스킬라Scylla는 메시나Messina 해협을 사이에 두고 시칠리아 섬을 마주보는 이탈리아 남부해안에 있는 큰 바위의 명칭이지만 그리스 신화에서는 이 바위에 살던 대가리 6개와 다리 12개를 겸비한 여자괴물의 명칭이다. '샅'은 '두 다리 사이, 가랑이, 고간股間'을 뜻하는 한국어 낱말이다.】

37 【이하에서 저자각주로 처리된 길고 흥미로운 인용문들은 본문에 포함된다.】

<'둔부에 달린 케토스ketos(고래나 상어 같은 대형어류나 바다괴물이나 해룡海龍) 꼬리'와
'허리에 돋아난 개대가리(견두犬頭)들'을 겸비한 처녀 스킬라>
서기전 450~425경 그리스에서 제작된 도기에 그려진 도기화

에서는 무녀(또는 마녀) 키르케Circe가 더럽힌 샘에서 스킬라가 자신
의 살을 씻는다. 그때 스킬라의 허리에서 괴물 같은 개들이 돋아난
다. 오비디우스의 『변신담』 제14권 제59~64행에서는 이 전설이 다
음과 같이 묘사된다. "그 샘에 당도한 스킬라는 자신의 하반신을 그
샘에 담갔다. 그러다가 무심결에 샘을 내려다본 그녀는 자신의 허
리에서 돋아난 사납게 짖어대는 괴물들을 발견했다. 그런데 처음에
그녀는 그 괴물들이 자신의 허리에서 돋아났으리라고는 당최 믿지

못했다. 그러나 금세 그녀는 질겁해서 샘을 뛰쳐나와 달아나면서도 자신의 허리에서 사납게 짖어대는 괴물들을 떨쳐내려고 애썼다."

이런 의례, 축제, 전설은 모두 신화적 지옥견의 증거들이다.

가축화된 개는 대체로 괴물을 상징하는 야생맹수와 혼동되어 왔다. 개는 황혼의 늑대와 거의 구별되지 않는다. 뒤 캉주는 "중세 유럽에 늑대를 대신하는 개 앞에서 맹세하는 풍습이 있었다"고 기록했다.[38] 프랑스 연대기록자 장 드 주앙빌Jean de Joinville(1224 경~1317)의 저서 『생 루이의 일생Histoire de Saint Louis』에는 니케아Nicaea 제국(1204~1261)의 황제 요안네스 3세 바타체스Ioannes III Vatatzes(1193경~1254: 재위 1222~1254)와 서아시아 투르크Turk계 유목민족 쿠만족Cuman族의 왕이 평화협정을 체결하면서 서로의 피를 나눠 마시는 의례를 거행하고 다음과 같이 약속했다는 대목이 나온다. "곧이어 그들은 또 어찌했던가. 개 한 마리씩을 주고받은 양측은 만약 어느 측이라도 개를 죽이면 상대측도 개를 죽이겠다고 말했다." 이탈리아 토스카나주 동부에 위치한 도시 아레초Arezzo 인근의 시골에서는 '암컷늑대가 낳는 새끼들 사이에는 언제나 개 한 마리도 섞여있지만 그 개가 살아남으면 새끼늑대들은 모조리 죽어버린다'고 믿긴다. 그러나 이 사실을 잘 아는 암컷늑대는 다른 새끼늑대들과 함께 새끼개-늑대를 샘으로 데려가서 물을 먹이는 체하다가

---

38 뒤 캉주의 『중세 및 근세 라틴어 용어해설집』에 수록된 "의례용儀禮用 개cerebrare canem"라는 항목 참조.【생 루이Saint Louis는 프랑스 국왕 루이 9세Louis IX(1214~1270: 재위 1226~1270)의 별칭이다.】

새끼개-늑대만 샘에 빠뜨려 익사시킨다.[39]

　이탈리아 작가 겸 문헌학자 라우렌티우스 압스테미우스Laurentius Abstemius(로렌초 아스테미오Lorenzo Astemio: 1440경~1508)가 채록한 설화에 나오는 어느 양치기의 개는 양떼를 감시하지는 않고 날마다 양 한 마리씩을 잡아먹는다. 양치기는 그 개를 죽이면서 다음과 같이 말한다. "나는 거짓된 친구인 개에게 양을 맡기느니 차라리 공공연한 적인 늑대에게 맡겨버리겠다." 개와 늑대를 분간되기 어렵게 만드는 이런 불확실성과 혼동은 개의 이중성격을 선명하게 드러낸다. 내가 여기서 살펴볼 아직 출간되지 않은 이탈리아 설화 두 편은 이런 이중성격을 증명해줄 것이다. 첫째 설화는 이탈리아 토스카나주 북부의 소읍 푸체키오Fucecchio에 거주하는 어느 농민여자가 직접 나에게 이야기해준 것이다. 그 설화에는 괴물의 밀정노릇을 할 수 있는 자격을 갖춘 암캐가 등장한다. 둘째 설화는 이탈리아 북서부의 피에몬테주Piemonte州 서부에 위치한 도시 카부르Cavour 인근의 카펠라누오바Capellanuova(새로운 성당)에서 몇 년 전에 어느 농민여자가 환대해준 피에몬테의 어느 산적한테서 들었다면서 나에게 이야기해준 것이다. 『암살자들의 제왕The King of Assassins』이라는 제목을 얻은 첫째설화의 줄거리는 다음과 같다.

　옛날에 바느질을 생업으로 삼는 세 딸과 함께 살아가는 홀어

---

39 【각주 37번 참조.】

미가 있었다. 어느 날 그들은 집의 테라스에 앉아있었다. 그때 지나가던 영준한 귀인이 그들을 봤고, 홀어미의 맏딸과 결혼했다. 자신은 암살자들의 두령이라고 맏딸에게 알린 귀인은 숲속에 있는 자신의 성채로 맏딸을 데려갔다. 두령은 그녀에게 암캉아지 한 마리를 주면서 다음과 말했다.

"이 녀석은 당신의 동반자가 되어줄 거요. 당신이 나에게 잘해주듯이 이 녀석에게도 잘해주면 고맙겠소."

그리고 새색시(맏딸)를 성채의 대저택으로 데리고 들어간 두령은 그녀에게 모든 방의 위치를 알려주고 그 방들의 열쇠를 모두 맡겼다. 그러면서 대저택의 방 네 곳 중 두 곳에는 들어가지 말라고 그녀에게 당부한 그는 혹시라도 두 방에 들어가면 횡액을 당할 것이라고 경고했다. 그는 대저택에 하루를 머물고 사흘간 대저택을 비우는 생활방식을 고수했다.

그가 대저택을 비웠을 때 새색시는 암캉아지를 학대하고 아예 굶기다시피 했다. 그러던 어느 날 호기심을 참지 못한 새색시는 문제의 두 방으로 들어갔는데, 암캉아지도 그녀를 뒤따라 들어갔다. 두 방 중 한 방에서 새색시는 피살자들의 머리들을 목격했고 다른 방에서는 횃줄 같은 것에 매달린 혀들과 귀들을 위시한 갖가지 인체부위들을 목격했다. 이 끔찍한 현장들을 목격한 그녀는 오싹해졌다.

어느 날 대저택으로 돌아온 두령은 암캉아지에게 "잘 지냈느냐?"라고 물어봤다. 암캉아지는 몸짓으로 신호하면서 '새색시가 금지된 두 방에 들어갔다'고 두령에게 고자질했다. 두령은 아내를 참수하고 그녀의 여동생(홀어미의 둘째딸)을 만나러가서 다음과 같이 말했다.

"동생을 보고프니 데려와 달라는 언니의 부탁을 받고 왔소. 그러니 나의 집으로 언니를 보러갑시다."

그는 자신의 거짓말을 믿은 여동생을 대저택으로 데려왔다. 여동생도 결국 언니와 마찬가지로 참수당하고 말았다.

얼마 지나지 않아 그녀의 여동생(홀어미의 셋째딸)마저 꾀어 대저택으로 데려온 두령은 이제 아예 자신의 정체를 솔직하게 밝혔다. 그런데도 셋째딸은 "그러면 이제부터 내가 도둑놈들을 무서워하지 않아도 되니까 오히려 더 잘됐네요"라고 대답했다. 그녀는 암캉아지에게 맛있는 먹이도 주고 쓰다듬어주기도 하면서 잘해주었고, 암캉아지도 그녀를 좋아해서 잘 따랐다. 그러자 두령도 흡족했고, 암캉아지도 행복하게 지냈다.

그렇게 한 달쯤 지난 어느 날 두령은 다시 대저택을 비웠고 암캉아지는 뜰에서 혼자 놀았다. 학수고대하던 때를 맞이한 그녀는 금지된 두 방으로 조용히 들어갔다. 한 방에는 피살된 두 언니의 머리들이 있었고, 다른 방에는 절단된 인체부위들을 접착시킬 수 있을 뿐 아니라 시체마저 소생시킬 수 있는 고약들이 있었다. 그 고약들을 사용하여 소생시킨 두 언니에게 음식을 가져다준 그녀는 숨구멍을 뚫은 커다란 항아리 두 개 속에 한 명씩 숨으라고 두 언니에게 당부했다.

그즈음 두령은 대저택으로 돌아왔고, 셋째 딸은 그 항아리들을 홀어미에게 운반해달라고 두령에게 부탁하면서 자신이 두령을 눈여겨볼 테니 도중에 항아리들을 들여다보지 말라고 경고했다. 항아리들을 운반하다가 도무지 궁금증을 참지 못한 두령은 항아리들을 들여다보려고 했다. 그 순간에 셋째 딸이 미리 경고한 대로, 두령은 항아리들 속에서 "여보, 내가 당신을 눈여겨봐요"라고 속삭이는 한 여자의 음성이 아닌 두 여자의 음성을 들었다. 그러자 오싹해져서 항아리들을 들여다보려는 엄두마저 포기한 두령은 서둘러 홀어미에게 항아리들을 전달했다. 그동안 셋째 딸은 대저택에서 암캉아지를 끓는 기름에 튀겨 죽였다. 이어서 그녀는 금지된 두 방의 모든 남녀 시체를 소생시켰다. 그렇게 소생한 사람들 중 한 명이던 프랑스 왕자 칼리노Carlino는 자신을 소생시켜준 그녀(홀어미의 셋째 딸)와 결혼했다. 대저택으로 돌아온 두령은 배신당했다는 사실을 알아차리고 그녀를 반드시 응징하겠다고 맹세했다.

두령은 '남자 한 명을 감쪽같이 숨길 수 있는 빈 공간'을 내포하도록 제작한 황금기둥 하나를 가지고 프랑스 파리로 갔다. 그곳에서 늙은 궁궐시녀를 매수한 두령은 작은 종이 한 장을 그녀에게 주면서 왕자의 베개 밑에 놓아달라고 부탁했다. 그 종이는 왕자의 머리에 닿자마자 왕자뿐 아니라 그의 모든 시종마저 잠재우는 효험을 가진 부적 같은 것이었다. 황금기둥을 궁궐 앞에 운반해둔 두령은 그 기둥 속의 빈 공간에 숨어들었다. 왕자비(홀어미의 셋째 딸)는 그 기둥을 발견했고 그것이 탐나서 자신의 침대머리맡에 갖다놓으라고 시종에게 지시했다. 그날 밤에 작은 종이가 놓인 베개에 왕자가 머리를 대자마자 왕자와 모든 시종은 깊은 잠에 빠져들었다. 그때 황금기둥을 빠져나온 두령은 왕자비에게 허튼짓하면 죽이겠다고 협박한 다음에 궁궐부엌으로 가서 커다란 놋쇠솥에 기름을 가득 채우고 끓이기 시작했다. 그동안 왕자비는 왕자의 몸을 흔들며 살려달라고 애원했지만 헛수고였다. 절박해진 그녀는 호출용 종을 울렸지만 아무도 응답하지 않았다. 왕자부부의 침실로 돌아온 암살자들의 제왕이 왕자비를 침대에서 끌어내리려 하자 그녀는 왕자의 머리를 붙잡았다. 그때 왕자의 머리에 붙어있던 종이가 떨어졌다. 왕자와 시종들은 잠을 깼고, 요술사(암살자들의 두령)는 살아있는 채로 불태워졌다.

『일곱 머리를 가진 주술사The Magician of the Seven Heads』라는 제목을 얻은 둘째 설화의 줄거리는 다음과 같다.

어느 노부부의 슬하에는 자코모Giacomo라는 아들과 카롤리나Carolina라는 딸이 있었다. 자코모는 양 세 마리를 목초지에 풀어놓고 감독했다. 근처를 지나던 사냥꾼이 자신에게 그 양들을 팔지 않겠느냐고 자코모에게 물었다. 자코모는 사냥꾼에게 양들을 팔았고, 사냥꾼은 양값 대신에 개 세 마리를 자코모에게 주면서 호루라기 하나를 덤으로 주었다. 그 개들의 이름은 각각 무쇠아가리 Throttle-iron, 폭풍질주Run-like-the wind, 파죽지세Pass-everywhere였다.

　자코모의 아버지는 격분하여 자코모를 집안에도 들이지 않으려 했다. 심통난 자코모도 개 세 마리를 데리고 아예 집을 나가버렸다. 무쇠아가리는 빵을, 폭풍질주는 부식품을, 파죽지세는 포도주를 짊어졌다. 자코모는 어느 주술사의 저택에 들렀고 융숭하게 대접받았다. 왜냐면 자코모를 따라 가출한 카롤리나와 사랑에 빠져든 주술사가 그녀와 결혼하기를 바랐기 때문이다. 그러나 주술사가 그녀와 결혼하려면 자코모한테서 개 세 마리를 떼어놓아 자코모를 약화시켜야만 했다. 주술사와 의기투합한 그녀는 곡식가루를 먹어야 낫는 병에 걸린 듯이 시늉했다. 곡식가루를 구하러 방앗간을 찾아간 자코모에게 방앗간주인은 곡식가루를 줄 테니 개 한 마리를 달라고 요구했다. 카롤리나를 애틋하게 여기던 자코모는 개 한 마리를 방앗간주인에게 내주었다. 나머지 개 두 마리도 비슷한 수순을 밟아 자코모한테서 떨어져나갔다. 기회를 맞이한 주술사는 자코모를 교살하려고 시도했다. 그 순간에 자모코가 호루라기를 힘껏 불었고, 개 세 마리가 득달같이 달려와서 주술사를 물어죽이더니 카롤리나마저 물어죽였다.

주술사의 저택을 떠난 자코모가 개 세 마리를 데리고 들어선 어느 도시의 분위기는 침통했다. 왜냐면 그 도시에서 공주가 '일곱 머리를 가진 괴물주술사'한테 잡혀먹혀야[40] 할 운명에 처했기 때문이다. 자코모는 개 세 마리를 부려서 그 괴물을 죽였다. 그렇게 목숨을 보존한 공주는 자신의 겉옷자락을 찢어 무쇠아가리의 목에 감아주며 고마워하는 마음을 표시하고 자코모와 결혼하기로 약속했다. 자코모는 죽은 여동생의 장례를 치르고 애도해야 하는 자신을 1년 하루(366일)만 기다려달라고 공주에게 부탁했다. 그는 도시를 떠나기 전에 잘라낸 괴물주술사의 일곱 혀를 가지고 귀갓길에 올랐다.

공주는 환궁했다. 그때 궁궐에 나타난 굴뚝청소부가 자신이 공주를 구명했다고 우기면서 공주와 결혼해야 한다고 억지를 부렸다. 국왕은 공주와 굴뚝청소부의 결혼을 허락했다. 그러나 공주는 향후 1년 하루 동안 결혼을 유예할 수 있어야만 결혼하겠다는 조건을 내걸었고, 그 조건은 수락되었다. 그렇게 1년 하루가 흐른 날에 그 도시로 돌아온 자코모는 공주의 결혼식이 거행된다는 소식을 들었다. 결혼식장을 찾아간 자코모는 무쇠아가리를 굴뚝청소부(흑인, 아랍인, 투르크인, 집시gipsy, 괴인怪人)에게 접근시켰다. 그 개는 자신의 목에 감긴 겉옷자락을 공주의 눈에 띌 수 있도록 자신의 꼬리로 굴뚝청소부의 다리를 툭툭 쳤다. 그 순간

---

[40] 【한국어 복합동사 '잡아먹다'의 수동태(피동형)는 '잡아먹히다'가 아니라 '잡혀먹히다'이다.】

자코모가 공주를 구명한 사람은 바로 자신이라고 밝히면서 증거
를 보여줄 테니 괴물주술사의 일곱 머리를 결혼식장에 갖다 달
라고 요구했다. 그 괴물의 일곱 머리에는 과연 혀가 없었고, 굴뚝
청소부의 꼼수는 들통나버렸다. 자코모는 공주와 결혼했고, 굴뚝
청소부는 화형에 처해졌다.

이탈리아 토스카나주의 중심도시 피렌체Firenze(Florence)에서는 늑
대가 등장하는 잠꿈(수면몽睡眠夢)이, 개가 등장하는 잠꿈과 마찬가
지로, (테런스[41]의 극작품에서도 언급되듯이) 질병이나 죽음의 징조
라고 믿기는데, 특히 개한테 쫓기거나 물리는 잠꿈은 더욱 불길한
징조라고 믿긴다. 고대 로마 서정시인 퀸티우스 호라티우스Quintus
Horatius(서기전 65~서기전 8)의 「갈라테아[42]에게Ad Galatheam」(『송시집
Carmina(Odes)』 제3권 제27송시)에서는 임신한 암캐가 불길한 징조로
간주된다.

올빼미의 날카로운 울음소리나
임신한 암캐 같은 불길한 징조들

---

41 【Terence(테렌스): 고대 로마 극작가 푸블리우스 테렌티우스 아페르Publius Terentius Afer(서기전
195/185경~159경)의 영어식 약칭略稱.】

42 【Galatea: 고대 그리스 전설에 나오는 조각가 퓌그말리온Pygmalion(푸마야톤Pumayyaton)이 상아象牙
로 제작했다는 처녀상處女像. 이 처녀상을 너무나 사랑한 퓌그말리온이 처녀상에 생명을 부여해 달라고
여신 아프로디테Aphrodite에게 기도하자 아프로디테가 그의 기도를 들어주었다. 아프로디테는 고대 그
리스에서 사랑, 미모, 쾌락, 출산을 주관하는 여신으로 믿겼고 로마에서는 베누스Venus(비너스)와 동일시
되었다.】

<피그말리온과 갈라테아Pygmalion et Galaté>
프랑스 조각가 에티엔 모리스 팔코네Étienne Maurice Falconet(1716~1791)의 1763년 작(作)

시칠리아 사람들은 개를 사슬에 매야 할 때면 기독교 순교성인 산 비토San Vito(세인트 바이터스Saint Vitus, 290경~303)에게 다음과 같이 기도한다.

거룩한 비토여, 거룩한 비토여,
이렇게 세 번이나 기도하오니, 거룩한 비토여,
나를 물지 못하도록 개를 막아주소서

그리고 그들은 개를 사슬에 매면서 다음과 같이 기도한다.

거룩한 비토여,
아름답고 순결하신
성모 마리아의 이름으로 기도하오니,
이 개가 번들대는 어금니와 쇠못 같은 송곳니를
저에게 드러내며 으르렁거려도
저는 이 개를 사랑하옵니다.

그들은 개를 사슬에 완전히 매면 다음과 같이 말한다.

내가 너를 사슬에 맸으니

이제 꼼짝 말아라, 개야[43]

　이탈리아와 러시아에서 개가 늑대처럼 짖으면, 그러니까 개가 늑대처럼 행동하면, 불행과 죽음의 징조를 예고한다고 믿긴다. 고대 로마에서 율리우스 카이사르, 마르쿠스 아에밀리우스 레피두스, 마르쿠스 안토니우스가 정치협약[44]을 체결하자 로마의 개들이 늑대처럼 짖어댔다는 일화[45]도 전래된다.

　시칠리아 섬에서 개한테 물린 사람은[46] 그 개의 몸에서 잘라낸 털 한 움큼과 불잉걸[47]을 넣어 혼합한 포도주를 마신다. 그런 한편으로 내가 읽은 알도르반디의 저서[48]에서는 "광견병에 걸린 개한테 물린 상처를 늑대가죽으로 감싸는 민간요법이 효험을 발휘한다"고 서술된다.

　개는 징벌수단으로도 이용된다. "개를 곳간에 들여놓다Menare il cane per l'aia"와 "개를 풀어놓다Dare il cane a menare" 같은 이탈리아 관용어구들은 어쩌면 중세 독일에서 사형집행일을 앞둔 귀족출신 사형

43　이 인용문들은 이탈리아 민속학자 겸 의사 주세페 피트레Giuseppe Pitre(1841~1916)가 편찬한 『시칠리아 민간설화집Biblioteca delle tradizioni popolari siciliane』(1871~1913) 제2권 제811편에서 내가 발췌한 것들이다.

44　【Second Triumvirate: 고대 로마 공화국을 이끌던 정치인들이던 율리우스 카이사르Julius Caesar(서기전 100~서기전 44), 마르쿠스 아에밀리우스 레피두스Marcus Aemilius Lepidus(서기전 89~서기전 12), 마르쿠스 안토니스Marcus Antonius(서기전 83~서기전 30)가 서기전 43년 11월에 체결한 제2차 삼두정치협약.】

45　이탈리아 자연학자 율리세 알드로반디가 인용한 프랑스 프로테스탄트 역사학자 리카르두스 디노투스Richardus Dinothus(리샤르 디노트Richard Dinoth, 1540~1586)의 기록.

46　나의 친구 주세페 피트레가 나에게 보낸 편지에 썼듯이.

47　【이것은 '화염과 열기를 잔뜩 뿜어내는 불붙은 숯덩이'로서 '잉걸'로도 약칭略稱된다.】

48　율리세 알드로반디, 『사족동물사전四足動物百科辭典De quadrupedibus digitatis viviparis』(1637) 제2권.

수에게 이따금 부과되어 치욕을 안겼던 '개한테 물려뜯기는[49] 징벌'
을 상기시킬지도 모른다.[50]

이 징벌과 관련된 치욕은 남근을 암시한다고 추정될 수 있다. 피
렌체에서 멀지 않은 도시 칼키나야Calcinaia의 산토 스테파노Santo
Stefano 교구에는 여태껏 한 번도 인쇄되어 출간되지 않은 얄궂은 전
설이 전래된다. 이 전설에서는 개와 남근이 서로 관련된 듯이 보이
도록 묘사될 뿐 아니라 "남자가 아닌 개가 여자를 낳았다"고 단언
되기마저 한다. 이 전설의 주인공 아담Adam이 완전히 잠들자 개가
그의 몸에서 갈비뼈 하나를 뽑아 물고 달아났다. 자신의 갈비뼈를
되찾으러 개를 추격한 아담은 개의 꼬리만 가까스로 붙잡아 뗐을
뿐 끝내 개를 놓쳐버렸다. 해학적으로 각색된 이 전설의 변종들에
서는 당나귀나 말이나 돼지가 농부한테 꼬리를 떼인다. 동물의 신
체부위들 중에 꼬리는 예로부터 동물의 본성을 가장 선연하게 대표
해온 부위였다. 그렇다면 꼬리를 떼인 동물은 타고난 본성을 박탈
당한 동물이나 마찬가지이니만큼 동물의 꼬리는 그것을 떼인 동물
을 암시할 수 있다. 그래서 꼬리를 떼인 동물은 오히려 떼인 꼬리 덕
택에 재발견되거나 복원될 수 있다. 게다가 특히 농부한테 떼인 동
물꼬리는 어쩌면 아담한테 떼인 개꼬리의 의미와 유사한 의미를 획
득할 것이다.

---

49 【한국어 복합동사 '물어뜯다'의 수동형(또는 피동형)은 '물어뜯기다'가 아니라 '물려뜯기다'이다.】

50 뒤 캉주의 『중세 및 근세 라틴어 용어해설집』에 수록된 "카넴 페레camen ferre(개를 부리다)"라는 항목의
설명문 참조.

그래서 내가 성적 이미지들에 빗댄 이토록 얄궂은 암시를 꽤나 자주 감행하더라도 독자의 아량을 기대할 수 있는 것이다. 그러나 성적 이미지들은 아주 오래된 시대의 사물들에서부터 생겨났을 수밖에 없다. 왜냐면 그 시대에는 비록 이상주의idealism(관념론)가 태동했지만 육체적 삶은 여전히 가장 왕성하여 사물들이 후대의 사물들보다 더 생생하게 감각되면서 더 강렬하고 더 지속적인 인상을 남겼기 때문이다. 그러니까 익히 알려졌다시피, 예컨대, 그런 시대에 형성된 베다에서도 묘사된 나무작대기 한 쌍을 마찰하여 불을 피우는 발화행위가 남성과 여성의 성행위를 암시하듯이, 장엄하고 화려한 시의 형식을 갖춘 프로메테우스[51] 신화도 가장 원시적인 발화행위를 암시하느라 생겨났을 것이다.

현실세계에서도 폭군들은 죄수들에게 '개들한테 물려뜯기는 징벌'을 부과했고, 또 이 징벌은 실제로 몇 번이나 집행되었다. 이 징벌의 원형은 유명한 '케르베로스와 지옥의 응징하는 개(응징견膺懲犬)들의 신화'에서 발견된다. 그 신화 속에서 피리투스는 몰로소스 왕국[52]의 극악한 왕한테 유괴당한 페르세포네를 구출하려다가 삼

---

51 【그리스 신화에서 프로메테우스Prometheus는 제우스의 불을 훔쳐 인간에게 가져다주고 영원한 징벌을 받는 티탄(거인)이다.】

52 【그리스 신화에서 용맹한 전사들인 라피테스족Lapithes族의 왕 프리투스Pirithoos는 도시국가 아테네를 건국한 영웅 테세우스Theseus의 친구이다. 몰로소스 왕국Molossoi(Molossians)은 몰로소스Molossos의 자손들이 그리스 북서부에 세운 왕국이다. 몰로소스의 아비는 네오프톨레모스Neoptolemos(퓌로스Pyrrhos)이고 어미는 안드로마케Andromache이다. 네오프톨레모스의 아비는 트로이 전쟁에 참전한 그리스 영웅 아킬레우스Achileus이고 어미는 에게해Ege海 스퀴로스Skyros섬의 공주 데이다메야Deidameia이다. 안드로마케는 첫남편 트로이 왕자 헥토르Hector와 사별하고 네오프톨레모스와 재혼한 트로이 여인이다.】

<볼레스와프 2세>
폴란드 화가 겸 예술비평가 알렉산데르 레세르Aleksander Lesser(1814~1884) 작화

두 케르베로스(트리케르베로스)한테 물려서 갈가리 찢긴다. 고대 그리스 비극작가 에우리피데스Euripides(서기전480~406)가 숲속에서 아르켈라오스⁵³의 응징견들한테 물려서 갈가리 찢겼다는 민담도 전래된다.

　로마 황제 도미티아누스Domitianus(51~96: 재위 81~96)와 개의 일화도 전래된다. 어느 날 황궁의 점성술사가 황제의 죽음이 임박했다고 예언했다. 황제는 점성술사를 불러서 하문했다. "내가 어떤 식으로 죽을지 알겠느냐?" 그러자 점성술사가 대답했다. "황제께서는 개들한테 물려죽을 수도 있사옵니다."(『펜타메로네』에 수록된 설화에서도 '개들한테 물려서 당하는 죽음'이 예언된다). 그 예언의 허위성을 증명하고프던 황제는 점성술사를 죽여서 불태우라고 신하에게 하명했다. 그런데 점성술사의 시체에 붙어서 타오르기 시작한 불이 갑작스러운 돌풍을 맞고 꺼져버리자 개들이 달려들어 시체를 뜯어먹어버렸다.

　기독교 순교성인 스타니스와프 슈체파놉스키Stanisław Szczepanowski (세인트 스타니슬로스Saint Stanislaus, 1030~1079)의 전설 속에서 폴란드 국왕 볼레스와프 2세Bolesław II(1042~1082: 재위 1076~1079)는 기독교 성인들을 척살하라는 명령을 내렸다고 숲속을 헤매다가 자신의 애완견들한테 물려뜯긴다.

　베다에 나오는 괴물 퀴슈나Çushna, 여름 밤하늘에 떠서 역병을 유

---

53 【Archelaos: 고대 마케도니아Makedonia의 국왕 아르켈라오스 1세Arkhelaos I(서기전?~399: 재위 서기전413~ 399).】

포한다고 믿긴 개별(犬星) 시리우스, 암흑지옥의 개 케르베로스는 모두 입으로 불을 내뿜는다. 이 개들의 불은 세계를 응징하는 불(세계응징염화世界膺懲焰火)이기도 하다. 페이건[54]들의 세계는 기도와 마술을 막론한 온갖 비술祕術을 총동원하여 이 개들의 악영향을 벗어나려고 애쓴다. 그러나 이 개들은 불멸한다. 아니, 더 정확하게는, 이 개들은 부단히 새끼를 치는 식으로 환생하여 인간들을 극심한 공포감에 빠뜨리는데, 기독교 세계에서 이런 공포감은 더 새롭고 더 노골적이며 더 세속적인 형식을 띤다. 실제로도 이런 공포감을 예증하는 일화가 전래된다. 유럽의 종교재판소에서 자행된 고문들의 발명자로서 (진정한 사탄Satan 루시퍼Lucifer의 화신으로서) 유명한 산토 도밍고[55]를 임신한 어미는 어느 날 신기한 태몽을 꾼다. 그 태몽 속에서는 개 한 마리가 그녀에게 물어다준 횃불이 세상을 불바다로 만

---

54 【pagan: "페이건" 또는 "파간"으로 발음되는 이 낱말은 "도시의 바깥 또는 시골"을 뜻하는 라틴어 "파구스pagus"에서 유래했다. 여태껏 한국에서 이 낱말의 번역어로 채택한 "이교도異教徒"는 이 낱말의 파생어인 "페이거니즘(파가니즘)paganism"의 주요 번역어 "이교(異教)"와 함께 많은 오해의 소지를 낳았다. 왜냐면 본시 "중동지역에서 태동한 이른바 아브라함Abraham 계통의 '사막출신 3대 유일신교唯一神教' — 유태교(유대교), 기독교(그리스도교), 회교(이슬람교) — 와 그것들의 신자들"이 아닌 "다른 종교들 — 비非유태교, 비非기독교, 비非이슬람교, 다신교多神教, 샤머니즘shamanism, 토테미즘totemism, 무속신앙, 토착종교 등등 — 과 그것들의 신자들"을 총칭하는 "페이거니즘과 페이건"이라는 낱말들을 단순히 "이교"와 "이교도"로만 번역해온 안이한 관행은 특히 3대 유일신교의 관점만 반영하기 때문이다. 그렇다고 두 낱말이 모든 경우에 이처럼 3대 유일신교의 관점만 반영하는 "이교"와 "이교도"를 대신하여 "비非____교"나 "비非____교도"라는 따위의 낱말들로 번역될 수만도 없다. 왜냐면 그런 낱말들은 번역과정뿐 아니라 독자들의 읽기 과정마저 번거롭게 만들 수 있기 때문이다. 물론 "페이건(파간)"과 "페이거니즘(파가니즘)"은 3대 유일신교의 관점을 반영하는 인용문들에나 문장들에 사용되면 "이교도"와 "이교"로 번역될 수 있다. 그러나 두 낱말이 3대 유일신교의 편파적이고 일방적인 관점을 벗어나서 본뜻대로 충분히 이해되고 읽히려면, 더구나, 딱히 정확한 다른 번역어마저 없다면, 번역되지 않고 그대로 사용되어야 더 낫고 더 마땅하다.】

55 【Santo Domingo(상투스 도미니쿠스Sanctus Dominicus, 1170~1221): 본명은 도밍고 펠릭스 데 구스만Domingo Felix de Guzman이고, 도미니코설교자회Dominican Order를 창시한 로마가톨릭 성직자이다.】

<산토 도밍고>
에스파냐 화가 클라우디오 코엘로Claudio Coello(1642~1693)의 1685년 작(作)

들어버린다.[56] 산토 도밍고는 장성하여 어미의 태몽을 실현했다. 그는 진짜로 세상을 불바다로 만든 개였다고 규정될 수 있다. 그래서 그가 묘사된 그림들에서는 언제나 그의 발치에서 횃불을 물고 있는 개가 목격된다.

크리스트(그리스도: 기독교 구세주)는 확장되고 정화되어 이상화된 프로메테우스이다. 그렇다면 산토 도밍고는 기독교의 올림포스에서 타락하고 축소되어 광신되는 괴물 같은 불카누스[57]이다. 고대 페이건들의 세계에서 개는 지옥의 신들에게 봉헌되었지만 기독교 세계에서는 세계방화자世界放火者 산토 도밍고와 역병의 수호성자 로코(생 로키)에게 봉헌되었다. 고대 로마의 불카누스 기념축제(볼카날리아Volcanalia)는 매년 8월에 거행되었다. 또한 세계방화견世界放火犬(세상을 불바다로 만드는 개)의 수호성자 산토 도밍고와 역병유포견疫病流布犬(역병을 유포하는 개)의 수호성자 로코를 기념하는 로마가톨릭교회의 축제들도 매년 8월에 거행되었다.

---

56 【여기서 '세상을 불바다로 만들다'라고 번역된 원문 'set the world on fire'는 '세상을 경악시키다,' '세상을 발칵 뒤집다,' '눈부신 업적을 쌓아 세상에 이름을 떨치다'를 의미하는 숙어로도 사용된다.】

57 【올림포스Olympos(Olympus)는 실제로는 그리스에서 가장 높은 산山의 명칭이고 그리스 신화에서는 올림포스 12신十二神의 거처이다. 불카누스Vulcanus는 고대 로마에서 각종 불(火)과 화산火山과 대장간을 다스린다고 믿긴 화신火神이고 그리스의 화신火神 헤파이스토스Hephaistos(Hephaestus)와 동일시된다.】

제3편

하데스와 망혼들의 왕국

1. 망인들의 본성과 내생

고대 그리스인들의 내생관념은 종교적 신념과 자유분방한 상상의 중간쯤에서 작동했다. 망자들은 초자연적 존재들, 거추장스러운 육체를 벗어난 자유로운 존재들, 신들처럼 숭상되어야 할 존재들이었다. 그러나 죽음은 모든 면에 비통한 어떤 것이었으므로 망인들이 올림포스 신들의 행복한 삶을 공유하는 존재들로서 묘사될 수는 없었다. 그런 망인들의 내생을 묘사하려고 애쓰던 고대인들의 상상력이 입수한 실마리는 고작 몇 건에 불과했다. 내생은 현생의 후속편이고, 현생의 가족관계들과 애정관계들은 내생에도 계속 잔존하며, 현생의 (오리온 같은) 막강한 사냥꾼은 내생에서도 사냥을 계속하고[1] 현생의 의사는 내생에서도 진료를 계속할뿐더러 심지어 망령들을 사냥해야 하고 진료해야 할지라도 계속 그리한다고 믿겼다.

---

1 호메로스, 『오디세이아』 제11권 제572행.【오리온Orion은 그리스 신화에 나오는 사냥꾼 티탄인데, 제우스는 거대한 전갈의 독침에 찔려죽은 오리온을 하늘의 별자리로 만든다.】

<오리온 별자리>
폴란드 천문학자 요한네스 헤벨리우스Johannes Hevelius(얀 헤벨리우스Jan Heweliusz,
1611~1687)의 『천문성좌도天文星座圖(우라노그라피아Uranographia)』(1690)에 수록된
성좌도

　고대 그리스인들은 언제나 이런 믿음을 실마리로 삼아 망인들의
내생을 상상했다. 그들의 믿음대로라면, 인간이 죽으면 그 직전까
지 살아서 존재하고 활동하며 향락하던 쾌락을 막론한 현생의 모든
실체를 상실하고 오직 망혼이나 몽환밖에 남기지 못했다. 그리스인
들의 상상력이 빚어낸 그런 망혼이나 몽환은 비현실세계에서 살아
간다고 믿겼다. 상상력의 결과들은 대체로 비현실적인 것들로 생각

되는 동시에 가장 현실적인 것들로도 생각되었다. 망혼들은 인간들보다도 신들을 더 많이 닮은 정령들로 생각되었다. 그래서 죽음의 불가사의한 비밀은 다만 '미래를 예지할 수 있는 더 자유롭고 더 폭넓은 지식'과 '인간들을 축복하거나 저주할 수 있는 신비능력'만 정령들에게 부여할 따름이라고 생각되었다. 망인의 내생을 묘사하려던 고대 그리스인들의 상상력은 그런 현실과 비현실이라는 양극 사이에서 작동했다.

고대 그리스에서 망혼의 모습은 몇 가지 상이한 관념대로 상상되었다. 전쟁터에서 치명상을 입은 자신의 처참한 육체나 중병에 걸린 자신의 초췌한 육체를 보면서 죽은 인간의 혼령은 자신의 시체를 기억할 수 있으리라고 상상되었다. 에레보스[2]를 빠져나오던 오디세우스가 목격한 "청동창靑銅槍에 찔려죽고, 자신들의 갑옷마저 피투성이로 만든 전투를 치르다가 사망한 인간들"[3]의 혼령들도 자신들의 시체를 기억할 수 있다고 상상되었다. 물론 현생에서 촉망받던 자신들의 미모를 기억할 여성망혼들이나 현생에서 보유했던 자신들의 체력을 기억할 남성망혼들도 있을 수 있다고 상상되었다. 아티카[4]의 묘석들에 새겨진 남편과 아내, 어미와 자식은 망혼들처럼 보이지 않고 오히려 살아있는 인간(생인生人)들처럼 보인다. 그렇

---

2 【Erebos: 그리스 신화에서 에레보스는 혼돈신混沌神 카오스Chaos가 낳은 암흑신暗黑神의 명칭이다. 그리스 문학에서는 에레보스가 망혼들이 체류하는 지하세계의 암흑심처暗黑深處를 가리키는 지명인데, 이따금 타르타로스의 별명으로도 쓰인다.】

3 호메로스, 앞 책 제11권 제40행 이하.

4 【Attica(아티케Attike): 그리스 아테네와 주변지역을 아우르는 지명.】

<하데스의 판관 미노스의 판결을 기다리는 망혼들>
단테의 「지옥」 제5곡 제4행을 묘사한 귀스타브 도레의 삽화

듯이 하데스에서도 아킬레우스는 여전히 왕이었고 미노스는 여전히 정의로운 판관이었으며 테이레샤스[5]는 여전히 예언자였다.

끝으로, 망혼들은 대체로 저마다 날개를 달고 각자의 시체나 무덤을 맴도는 왜소한 동물들 같다고 상상되었다. 육체를 벗어난 혼령은 일정한 처소에 얽매이지 않는다고 상상되었기 때문에 날개를 가진 동물을 닮았다고 상상되었을 것이다. 또한 죽어가는 인간의 상처나 입에서 혼령이 유출된다고 서사시에 묘사되었기 때문에 왜

---

5 【그리스 신화에서 흰숫소로 변신한 제우스한테 납치된 페니키아Phoenicia 공주 에우로페Europe(유로파 Europa)의 아들 미노스Minos는 크레타Crete 섬의 초대 국왕이자 판관이었고 죽어서 하데스의 판관이 된다. 아폴론을 섬기는 맹인예언자 테이레샤스Teiresias(티레샤스Tiresias)는 신통한 투시력을 가졌고, 7년간 여자로 변신하여 살았으며, 죽어서 하데스의 예언자가 되어 오디세우스에게 조언하기도 한다.】

소한 동물을 닮았다고 상상되었을 것이다. 그리고 모든 혼령은 결국 육체의 "무덤들"이라고 상상되었기 때문에 각자의 무덤을 맴돈다고 상상되었을 것이다. 헤르메스를 뒤따라 하데스의 왕국으로 들어가서 판결을 기다리는 망혼들도 "박쥐들처럼 연신 찍찍거리며"[6] 날아다니는 왜소한 동물들로 상상되었다.

『오디세이아』 제11권은 망인들의 내생을 더욱 명확하게 반영하는 진술 두 건을 포함한다. 아킬레우스는 현세의 삶에서 희열을 전혀 향락하지 못했기 때문에 다음과 같이 사무치게 절규할 수 있었을 것이다.

> 나는 내세에서 모든 망혼을 지배하느니 차라리 땅 한 뙈기 갖지 못하고 머슴살이로 연명하더라도 현세에서 살아가기를 염원하노라.[7]

육체적 삶의 현실성을 염원하는 이 갈망은 '오디세우스가 흘린 피를 마시려는 망혼들의 간절한 열망'과 '그 피를 마시면 자신들의 옛 모습을 한순간이나마 상당히 회복하리라고 믿는 망혼들의 신념'을 기묘하게 표현한다. 테이레샤스는 다음과 같이 말한다.

---

6 호메로스, 앞 책 제24권 제7행.
7 앞 책 제11권 제489행.【이 절규는 "저승에 가느니 이승에서 개똥밭을 구르는 편이 낫다"는 한국의 속설을 연상시킨다.】

망혼들이여, 그대들 중 누구라도 피를 흘릴 만치 괴로운 고통을 겪으면 진실을 실토하고 말리라. 그래도 끝끝내 진실을 실토하지 않는 망혼은 자신의 옛 처소로 돌아가리라.[8]

고대 그리스인들은 망혼이 하데스로 내려가면 의식이나 사고력을 완전히 상실하기 때문에 아무 희열도 느끼지 못한다고 상상했다. 그런 한편에서 그들은 하데스의 망혼을 불러낼 수 있다고 상상했을 뿐 아니라 미래를 알고프면 오디세우스처럼 하데스의 입구를 찾아갈 수도 있다고 상상하여 실제로 그리하려고 애쓰기도 했다. 이 두 가지 상상은 모순되는 듯이 보인다. 그러나 이런 모순은 현실적인 것이다. 고대 그리스인들은 충분히 솔직했기 때문에 일관된 생각을 하지 못했다. 그들의 관점에서 죽음은 불가사의하고 초자연적인 어떤 것이라서 신을 접촉하는 지점 — 생인들이 미래를 아는 예지를 획득할 수 있는 접신지점 — 을 마련해주는 듯이 보였다. 그런 죽음은 그리스인들이 알던 삶의 종점이었다. 그래서 죽음은 현실적인 모든 삶이나 유가치한 모든 삶의 종말이라고 상상되었다.

어떤 망혼관념亡魂觀念도 — 그러니까 망혼을 신성시한 관념도, 망혼을 헛된 망령으로 간주한 관념도 — 내생에서 응보를 받을 기회를 망혼에게 전혀 제공하지 않는 듯이 보인다. 물론 그렇더라도 호메로스의 시들은 '초창기 그리스에는 그런 기회를 상상하는 관념

---

8 앞 책 제11권 제147행.

<망혼을 소환하는 희생의례(네퀴야Nekyia: 초혼의례招魂儀禮)를 실행하는
오디세우스에게 나타난 테이레샤스의 망혼>
스위스계 잉글랜드 화가 헨리 퓌슬리Henry Fuseli(1741~1825)의 1780~1785년 작(作)

이 아예 없지는 않았다'고 암시한다. 판관들 — 특히 정의롭기로 유명한 판관들 — 은 여타 직업의 종사자들과 마찬가지로 현세에서 견지하던 활동노선을 내세에서도 고수한다고 상상되었다. 크레타 섬의 초대 국왕 미노스, 그의 남동생 라다만투스Rhadamanthus(라다만튀스Rhadamanthys), 아킬레우스의 조부祖父 아야코스Aiakos는 모두 현세에서 유명한 판관들이었고 내세에서도 판관 직책을 계속해서 수행한다고 상상되었다. 그렇다면 내세에서 재판을 받는 망혼들이 저마다 현세에서 가졌던 육체의 행적을 기준으로 받는 판결보다 더 당연한 판결이 어디에 있겠는가? 그러나 설령 그렇더라도, 이런 내세관來世觀은, 예컨대, 고대 이집트에서는 발달했지만, 고대 그리스에서는 발달하지 않았다. 복락의 섬으로 가라는 판결은 메넬라오스[9]에게 수여되는 보상이 아니다. 티티오스나 시시포스[10]에게 부과되는 징벌도 일반적인 응보는 결코 아니다.

심지어 서사시인이 상상한 망혼의 운명도 다소 차이를 보이는데,

---

9 【Menelaos: 미케네Mykene 시대(서기전 1600~1100년)의 스파르타Sparta 국왕이자 미케네 국왕 아가멤논Agamemnon의 남동생이자 트로이 미녀 헬레네Helene의 남편이던 메넬라오스는 호메로스의 서사시 『일리아스Ilias』에서 그리스 군대에 소속한 스파르타 부대를 이끌고 트로이 전쟁에 참전하는 중요인물로 묘사된다.】

10 【그리스 신화에 나오는 티탄(거인) 티티오스Tityos는 제우스의 내연녀 엘라라Elara의 아들이다. 제우스는 임신한 엘라라를 자신의 본처本妻 헤라Hera에게 들키지 않도록 지하세계의 심처에 숨겼고, 그곳에서 티티오스가 태어나 자란다. 그런데 어느 날 헤라는 티티오스에게 '제우스와 사통하여 아르테미스와 아폴론을 낳은 레토Leto'를 겁탈하여 혼내달라고 간곡히 부탁한다. 헤라의 부탁대로 레토를 겁탈하려던 티티오스는 레토를 보호하던 어린 아르테미스와 아폴론의 공격을 받고 죽어서 타르타로스에 떨어진다. 그곳에서 티티오스는 매일 밤마다 날아오는 독수리 두 마리한테 간을 뜯겨먹히는 징벌을 받는다. 이 징벌은 티탄 프로메테우스가 받은 징벌을 닮았다. 또한 에퓌라Ephyra(코린토스Corinthos)의 대담하고 간교한 왕 시시포스Sisyphos는 살아서도 죽어서도 신을 속이는 죄를 범하여 '하데스의 언덕꼭대기에 오르자마자 굴러 내리는 육중한 바위를 언덕꼭대기로 다시 밀어 올리기를 영원히 반복해야 하는 징벌'을 받는다.】

<시시포스>
이탈리아 화가 티치아노Tiziano(1488경~1576)의 1549년 작(作)

이런 차이가 바로 사후응보관념[11]에 알맞은 출발점을 마련해주었
다. 고대 그리스 철학자 소크라테스Socrates(서기전 470~399)는 죽으

---

11 【死後應報觀念(the idea of a retribution after death): '망인은 사후세계 즉 내세에서 응보를 받는다'고 여
기는 관념. 내세응보관념來世應報觀念.】

면 내세에서 훌륭한 위인들을 만나서 대화할 수 있으리라고 기대했다. 그는 비밀접신의례[12]의 참가자들은 행복한 삶을 보장받고 불참자들은 저마다 응분의 "오물과 암흑"을 부과받으리라고 생각했다. 그래서 그는 망혼이 의식意識을 할당받는 곳이라면 어디에서나 '현생에서 영위한 육체적 삶의 성격이 내생의 성격을 결정한다고 믿는 신념'을 품어야 한다고 생각했다.

고대 이탈리아에서 생각되던 망혼들의 삶이라는 개념은 그리스에서 생각되던 것보다 실용성과 종교성을 더 짙게 띠는 반면에 상상력의 작용을 더 적게 받았다. 오늘날의 우리는 그렇게 망혼들로 여겨지던 존재들의 종류를 아무리 열심히 연구해도 정확하게 파악하지 못한다. 그래도 우리는 그런 연구 덕택에 '생인들의 삶을 좌우한 망혼들의 능력과 그런 능력을 제어할 수 있었던 수단'을 아주 많이 배운다. 고대 로마의 라레스[13] 또는 특정 장소를 다스리는 정령들[14]은 망혼들이었으리라고 추정된다. 인간육체를 벗어나서 자유로웠던 마네스Manes는 인간능력들보다 더 많은 능력을 타고난 선량한 망혼들이라고 믿겼다. 마네스의 본거지는 지하세계였으므로 이른바 "문두스mundus"에서 숭배되었다. 문두스는 지상의 천공반구天空半球에 맞닿은 지하의 공동반구空洞半球를 가리키는 지명의 일종이었다. 고

---

12 【秘密接神儀禮: 이것은 고대 그리스에서 데메테르와 페르세포네를 숭배하던 밀교 신자들이 아티카 서부의 도시 엘레우시스Eleusis에서 해마다 비밀리에 거행한 이른바 엘레우시스 비밀의례Eleusinian Mysteries로 짐작된다.】

13 【Lares: 고대 로마의 가택수호여신家宅守護女神 라르Lar의 복수형複數形 총칭.】

14 【이 정령들은 한국의 터주신, 조왕신ᐃ王神, 택지신宅地神, 토주신土主神, 성주신成主神, 수문신守門神, 가옥신家屋神에 비견될 수 있다.】

대 로마에서 도시가 신설되면 이런 지하공동도 함께 신설되어 마네스에게 봉헌되었다. 그런 도시지하공동의 입구는 라피스 마날리스 lapis manalis(마네스의 돌)라는 신성한 석문石門으로 봉인되었다. 그 석문이 열리면 지상세계의 인간들은 지하세계의 신들과 망혼들에게 접근할 수 있고 지하세계의 망혼들은 지상의 인간세계로 나올 수 있다고 믿겼다. 그런 한편에서 라르바이와 레무레스[15]는 온당한 곳에 매장되지 못하여 악의를 품은 해로운 망령들이라고 믿겼다. 고대 로마인들은 그 망령들로부터 악영향을 받거나 해코지를 당했다고 느끼면 그 망령들을 달래는 위무의례나 쫓아버리는 불제의례祓除儀禮(푸닥거리)를 거행했다. 푸리에스[16]처럼 라르바이와 레무레스도 죽음의 무시무시한 측면을 표현했지만, 그들의 존재를 믿는 심정은 시체매장의례(장례식)를 거행하는 생인들의 언행을 극도로 조심스럽게 만든 유력한 요인이었다.

2. 하데스 왕국

하데스는 애초에 지명이 아니라 인명이었다. 그렇다면 하데스의 거처는 어디인가? 인간은 죽으면 어디로 가는가? 이런 의문들은 두

---

15 【라르바이Larvae는 고대 로마에서 가면(라르바larva)을 쓰고 교란과 분란을 유발한다고 믿긴 망령들의 총칭이고, 레무레스Lemures는 어둠속을 불안하게 떠돈다고 믿긴 유해한 망령들의 총칭이다.】

16 【푸리에스Furies는 그리스 신화에 나오는 뱀-머리카락(사발蛇髮)을 가진 세 응징여신膺懲女神 또는 세 응징여귀膺懲女鬼 에리니에스Erinyes(알렉토Alecto, 메가이라Megaera, 티시포네Tisiphone)의 로마식 총칭이다. 티탄 크로노스Kronos(Chronos: 시간)는 자신의 아비 우라노스Uranos(하늘)의 성기를 잘라 바다에 던져버렸다. 그때 우라노스가 땅(가이아Gaia)에 흘린 핏방울들에서는 에리니에스가 태어났고, 바다에 던져진 우라노스의 성기에서는 아프로디테가 태어났다.】

<하데스(1)>

그리스에서 서기전 475~425년에 활동한 알타무라 도기화가Altamura Painter가 그린 이 도기화의 모사본[페어뱅크스, 앞 책, p. 232; 제인 엘런 해리슨Jane Ellen Harrison(1850~1928: 브리튼 고전학자 겸 언어학자), 『그리스 종교 연구용 서론Prolegomena to the study of Greek religion』(1903), p. 602]에서 간략히 묘사된 궁궐의 두 의자에는 하데스와 페르세포네가 앉았고 밑에서는 헤라클레스가 삼두 케르베로스의 목줄을 잡아끈다. 왼편 상단에는 헤라클레스의 아내와 두 아들이, 왼편 중간에는 오르페우스가, 왼편 하단에는 헤르메스가 섰고 시시포스는 바위를 굴린다. 오른편 중간에는 하데스의 판관들인 라다만토스, 아야코스, 미노스가 있고 오른편 하단에는 다나오스Danaos의 딸들(다나이데스Danaides)이 있다.

가지 답변을 얻었다. 첫째 답변의 강조점은 육체를 벗어난 생명의 행로였다. 망혼들은 은하수를 따라 머나먼 곳으로 간다고 생각한 원시인들도 있었다. 그들처럼 고대 그리스인들도 망혼들은 낮과 황혼을 넘어 서녘으로 멀리멀리 떠나간다고 말했다. 둘째 답변의 강조점은 망혼을 그의 시체에 결부하여 생각한 인간들의 관념이었다.

<하데스(2)>

고대 그리스 화가 폴뤼그노토스Polygnotos(서기전 5세기 중엽)가 그렸다고 알려진 델포이 크니도스인들의 회당 장식화의 부분 모사본(해리슨, 앞 책, p. 603)인데, 이것의 구도는, 페르세포네의 직립 자세를 제외하면, <하데스(1)>의 구도와 대동소이하게 보인다. 크니도스인Kindos(Cnidus) 人은 소아시아(현재의 터키Turkey) 남서부해안에 있던 고대 그리스 도시 크니도스의 주민 또는 출신자이고, 크니도스인들의 회당Lesche은 그리스 본토 중부의 고대 신전단지 델포이Delphoi(델피Delphi)의 아폴론 신전에 부속한 장소이다.

거의 모든 망인의 시체는 땅에 매장되었기 때문에 망혼들도 지하에 거주한다고 생각되었다. 매장된 망인들의 시체를 벗어난 혼령들의 행렬은 하데스의 궁궐로 이어졌다.

하데스라는 이름은 "눈에 보일 수 없는"[17]을 뜻했다. 그의 궁궐은

---

17 '하데스'의 어원은 "보다"를 뜻하는 그리스어 '이데인idein'에 부정접두사 '아a'가 붙어서 생겨난 '아이데스 Aides'이다.【여기서 "눈에 보일 수 없는"은 "비가시적非可示的인"이나 "불가시적不可示的인"으로도 번역

워낙 거대해서 현세를 떠나 그곳으로 오는 모든 인류의 망혼을 충분히 수용할 수 있었다. 궁궐의 대문은 넓었고 언제나 열려있어서 누구나 궁궐로 들어갈 수 있었다. 그러나 궐문을 지나 궐내로 일단 들어선 자는 결코 나갈 수 없었다. 왜냐면 궐문을 지키는 살벌한 맹견 삼두 케르베로스가 아무도 궁궐을 빠져나가지 못하도록 감시했기 때문이다. 고대 그리스와 로마에서는 문지기개 "야니토르"가 이따금 케르베로스를 대신하기도 했다.

지하세계의 혼령들이 거주하는 장소의 현실성은 점점 더 선연해졌다. 왜냐면 고대 그리스인들은 지표면의 다양한 장소에 지상세계와 지하세계를 잇는 접점이 존재한다고 믿었기 때문이다. 고대 그리스에서 무난히 흘러가는 하천을 단숨에 집어삼켜 지하수로 바꿔버리는 석회암지대, 지하세계로 내려가는 입구처럼 보이는 석회암동굴들, 위험한 고열증기를 분출하는 지표면의 균열지대 같은 곳들은 마치 생인들의 진입을 허용하는 지하세계의 입구들처럼 보였을 것이다. 그리스 남부의 펠로폰네소스 반도에는 망인들의 세계로 들어가는 입구로 믿겨서 유명세를 다퉈온 장소 두 곳이 있는데, 한 곳은 그 반도의 동해안에 위치한 항구도시 헤르미오네Hermione(에르미오니Ermioni) 인근의 호수 또는 늪지[18]이고, 다른 한 곳은 남해안에 위치한 타이나론Tainaron(마타판Matapan) 곶 인근의 동굴이다. 펠로폰

될 수 있다.

18 【이 호수 또는 늪지는 아케루시아Acherusia라고 통칭된다. 그리고 헤르미오네Hermione는 메넬라오스와 헬레네의 외동딸 이름이기도 하다.】

<삼두 케르베로스와 헤라클레스>
독일 화가 겸 판화가 제발트 베함Sebald Beham(1500~1550) 작화

네소스 반도 중동부에 위치한 아르카디아Arcadia 지방의 거친 관목
지대에 흐르는 어느 하천의 명칭은 스틱스에서 유래했다. 쿠마[19]의
서쪽지역에 거주하던 고대 그리스인들은 자신들이 망혼들과 긴밀
하게 접촉한다고 느꼈다. 쿠마 인근의 분화구에 형성된 아베르누스
Avernus 호수의 유독한 안개는 죽음의 손길을 내뻗는다고 믿겼다. 고
대 그리스인들은 그런 장소들에서 망혼들을 불러낼 수 있을 뿐만
아니라 생인의 인식범위를 벗어나는 사실들에 관한 조언을 망혼들
에게 구할 수도 있다고 믿었다. 이렇게 믿겼다는 사실이야말로 망

---

19 【Cumae(Cuma): 고대 그리스인들이 이탈리아 반도의 남서해안지역에 건설한 식민도시.】

혼들의 왕국이라는 장소의 존재를 뒷받침하는 가장 유력한 증거라고 생각되지 않았을까?

지하세계에 있다고 상상된 대강大江 몇 줄기는 지하세계의 지리적 특성을 규정했다. 그 대강들 중 가장 오래된 스틱스의 강물은 워낙 세차게 흘러서 헤라클레스조차 아테나의 도움을 받지 않으면 건널 수 없었다.[20] 두 번째로 중요시된 강(또는 호수) 아케론은 하데스 왕국의 경계선이기도 했다. 코퀴토스는 이따금 스틱스의 지류라고 상상되었지만 (유죄판결을 받은 망혼들을 불태우곤 하던) 플레게톤과 함께 아케론에 합류한다고 상상되었다. 망혼들은 생인들의 세계와 망인들의 세계를 가르는 이 대강들을 건너야 했다. 그런 망혼들을 도강시키는 임무를 전담하는 카론은 그들을 운송할 자신의 나룻배를 아케론의 강변나루에 접안시키려고 강변의 빽빽한 갈대들 사이로 몰아가는 늙은 뱃사공이라고 상상되었다.

고대 아테네인들이 망인의 입에 물린 은전은 바로 이 냉혹한 뱃사공 카론에게 망인의 혼령이 지불해야 할 뱃삯(저승노잣돈)이었다. 플라톤이 언급한 레테(망각)의 샘, 예수가 언급한 메마른 바위,[21] 호메로스가 언급한 페르세포네의 무덤[22] — 이것들에 관해서 지금 우리가 아는 것은 거의 없다. 옛 시인들의 자유분방한 상상력은 '영

---

20 호메로스, 『일리아스』 제8권 제365행 이하.

21 【Rock of Withering(무습암無濕岩 또는 결습암缺濕岩): 기독경(=기독교 경전) 『루가 복음서』 제8장 제6절 참조.】

22 【호메로스, 『오디세이아』 제10권 제491행.】

<겁먹은 여자망혼을 카론의 나룻배에 탑승시키는 헤르메스>
서기전 5세기경 작화된 그리스 도기화의 모사본(페어뱅크스, 앞 책, p. 230)

원한 샘을 밝히는 영원한 햇살을 받으며 살아가는 페르세포네 숭배
망혼들의 복락'을 묘사하거나 '신들의 통치를 거부하여 타르타로
스에 떨어진 망혼들의 영원한 고통'을 묘사했다. 그런 사후세계에
서 겪을 수 있는 고통들을 믿는 인간의 심정은 (이제부터 내가 언급
할) 신들에게 반발한 죄인들의 신화들 속에서 형상화되었다. 비슷
한 맥락에서, 신들과 인연을 맺은 메넬라오스 같은 인간들의 망혼
에게는 엘뤼시움[23]의 복락들이 가장 먼저 할당된다고 믿겼다.

---

23 【엘뤼시움Elysium(Elysian Fields: 엘뤼시온 페디온Elysion pedion): 호메로스의 서사시에서 오케아노스
에 둘러싸인 지하세계의 서쪽 끝에 있다고 묘사된 이 사후세계는 때때로 복락의 섬, 축복받은 섬, 명복의
섬과 동일시되곤 한다.】

<엘뤼시움Elysian Fields>
스위스 화가 카를로스 슈바베Carlos Schwabe(1866~1926)의 1903년 작(作)

그곳(엘뤼시움)에는 눈도 전혀 내리지 않고 폭풍도 전혀 불지
않으며 비도 전혀 내리지 않는다. 그러나 오케아노스가 끊임없이
세차게 뿜어내는 시끄러운 서풍西風이 그곳에 거주하는 망혼들
의 더위를 식혀준다. 그럴 뿐만 아니라, 그대는 헬레네의 남편이
었으므로, 그들은 그대를 제우스의 아들로 대우한다.[24]

　후대의 인간들도 마찬가지로 메넬라오스처럼 신들과 인연을 맺
으면, 데메테르와 페르세포네를 숭배하는 밀교단체에 가입하여 인
연을 맺은 인간들처럼, 이런 사후세계의 복락을 누릴 권리를 획득
할 수 있다고 생각했다. 지하세계 망혼들의 왕국에서는 이런 가입
자들의 망혼들이 페르세포네의 면전에서 추는 접신무接神舞가 끊이
지 않는다고 상상되었다. 그렇지 않고 명복을 받은 망혼들이 머나
먼 서녘에나 북녘에 거주지를 배정받으면 비록 인간들로부터 멀어
지더라도 오히려 그런 만큼 신들과 밀접해진다고 믿겼다. 왜냐면
이런 신화적인 지리공간에서 설정되는 종교적 망혼들의 거주지는
언제나 그들이 숭배하던 신들을 직접 보면서 명복을 누릴 수 있는
곳이기 때문이다.
　베르길리우스의 서사시에서 쿠마에 상륙한 아이네야스는 지하
세계로 내려가기 전에 아폴로 신당을 방문한다. 그곳에서 때마침
거행되던 아폴로 기념숭배의례를 참관하던 아아네야스는 지하세

계에서 명심해야 할 주의사항들을 (쿠마 무녀Cumaean Sibyl로부터) 넌지시 전달받는다.[25]

아이네야스의 동료들은 미세누스[26]의 시체를 매장하는 장례식을 마무리할 채비를 갖춘다. 그즈음 여신 베누스(아프로디테)가 보낸 비둘기 두 마리가 아이네야스에게 날아든다. 그 비둘기들은 황금가지를 가진 나무로 아이네야스를 인도한다. 그는 황금가지를 꺾어들고 쿠마 무녀에게 가져다준다. 황금가지를 받아든 무녀는 지하세계로 아이네야스를 인도한다. 아베르누스 호수의 유독한 안개를 통과하여 어느 동굴로 들어간 무녀와 아이네야스는 어둠에 휩싸인 음산한 숲을 지나서 오르쿠스의 입구에 다다른다. 오르쿠스에는 하르피아[27]들과 고르곤을 위시한 갖가지 신화적 괴물들이 서식한다.

그런 오르쿠스를 무사히 지나서 아케론 강변에 다다른 아이네야스와 무녀는 카론의 나룻배를 타고 아케론을 건너서 비련의 들판을 지나간다. 그 들판에는 사랑에 빠져죽었거나 상사병에 걸려죽은 인간들의 혼령이 거주하는데, 쿠피도[28]의 화살은 그들의 가슴에 여전히 박혀 있다. 그 들판을 벗어난 아이네야스와 쿠마 무녀는 마침내

---

25 베르길리우스, 『아이네이스』 제6권.

26 【Misenus(미세노스Misenos): 아이네야스의 나팔수였던 미세누스는 어느 날 자신의 소라고둥연주솜씨를 자랑하고파서 감히 신들에게 연주대결을 벌이자고 제의한다. 그러나 해신海神 포세이돈Poseidon의 아들 겸 전령해신傳令海神 트리톤Triton은 그토록 오만방자한 미세누스를 괘씸하게 여겨서 바다에 익사시켜버린다. 그때 쿠마 무녀는 "그대는 미세누스의 시체를 수습하여 뭍에 매장하지 않으면 지하세계로 들어갈 수 없으리라"고 아이네야스에게 조언한다.】

27 【하르피아Harpyia는 그리스 신화에서 인간의 상반신과 날짐승의 하반신에 날개를 겸비한 반인반조伴人半鳥이다.】

28 【Cupido(큐피드Cupid): 그리스에서 사랑신(애신愛神)으로 믿긴 에로스Eros의 로마식 명칭. 고대 그리스와 로마에서 사랑에 빠져든 사람은 에로스의 화살을 맞았다고 믿겼다.】

<아폴로와 쿠마 무녀Apollo e la Sibilla Cumana>
이탈리아 화가 조반니 도메니코 체리니Giovanni Domenico Cerrini(1609~1681) 작화

갈림길에 당도한다. 먼저 왼쪽 길로 시선을 돌린 아이네야스는 플레게톤의 화염에 휩싸여 괴로워하는 망령들의 거주지를 목격한다. 쿠마 무녀는 그런 망령들을 괴롭히는 처참한 고통을 아이네야스에게 간략히 설명해준다. 그리고 어두컴컴한 오른쪽 길로 들어선 무녀와 아이네야스는 페르세포네의 묘지를 지나서 신들의 처소로 걸어간다. 그곳에서는 모든 것이 복락을 누린다. 행복한 망혼들은 춤추고 노래하며 온갖 환희를 누리며 시간을 보낸다. 그곳에서 아이

<지옥숲의 하르피아들>
단테의 「지옥」 제13곡에 수록된 귀스타브 도레의 삽화(1861년 작(作))

네야스는 자신의 아비 안키세스Anchises를 만나고, 안키세스는 아들에게 영혼환생론을 해설하면서 로마의 위대한 미래상을 예설한다. 그리고 아이네야스와 쿠마 무녀는 몽환들의 두 관문 중 한 관문을 지나서 지상세계로 귀환한다.

3. 하데스와 페르세포네

"막강한 하데스와 무시무시한 페르세포네" — 이 문구는 호메로스의 서사시에서 자주 발견된다. 하데스와 페르세포네의 왕국은 암울하고 음산하다. 이 신들은 인간의 기도를 직접 가납嘉納하지 않는다. 하데스와 페르세포네는 죽음과 관련된 끔찍한 모든 것을 상징한다. 혼령이 생인의 음영이나 잔상(image)이듯이, 하데스와 페르세포네의 왕국도 이승(지상세계)의 희미한 사본 같은 것이다. 하데스는 지하세계의 제우스이고 페르세포네는 지하세계의 헤라이다. 이 신들은 망혼들과 마찬가지로 비현실적인 존재들이다. 이들에게 현실성을 부여하는 것은 오직 죽음이라는 영원히 현존하는 사실뿐이다. 그런 죽음에서 자신들의 존재자격을 도출하는 하데스와 페르세포네는 타고난 본성의 더욱 어두운 측면을 조금도 더 밝게 만들지 못한다. 그러나 두 신을 어둡게 묘사한 고대 서사시보다 훨씬 더 오래전에 생겨났을 종교관습을 주목하는 사람에게 두 신의 본성은 결코 어둡게 보이지 않을 것이다.

지하세계의 하데스 왕국을 믿은 (고대 그리스인들의) 심정이 시

<페르세포네와 하데스>
이탈리아 남단의 고대 그리스 식민도시 로크리Locri의 페르세포네 신당에서 발견된 서기
전 500~450년경 제작된 이 테라코타terracotta(점토건축재粘土建築材) 부조浮彫에 묘사
된 수염을 기른 남자(하데스)는 왼손으로 꽃다발을 쥐어들었고, 그의 옆에 앉은 여자(페르
세포네)는 오른손으로는 수탉을 안아들고 왼손으로는 보릿단(혹은 밀단)을 쥐어들었다.

체매장풍습에서 유래했듯이, 지하세계의 재신財神 플루토를 믿은 〈고대 로마인들의〉 심정은 지하자원을 채굴하거나 농작물을 수확하여 재산을 취득하는 관행에서 생겨난다. 그래서 지하세계의 제왕은 단일하고 동일하다. 왜냐면 지하제왕 하데스가 지하제왕 플루토이고 망혼들의 통치자가 재산증여자이기 때문이다. 여기서 우리는 다음과 같은 의문을 제기할 수 있다. 하데스의 아내가 데메테르의 딸이기 때문에 하데스가 농업재산의 증여자가 되었을까, 아니면 페르세포네의 남편이 데메테르처럼 농업과 관련되었기 때문에 페르세포네가 데메테르의 딸로 인식되기 시작했을까?

아마도 "대지의 제우스"는 데메테르와 함께 오랜 옛날부터 농업을 관장했을 것이다. 대지의 재산을 다스린 이 신은 어쩌면 세월이 흐른 훗날에야 비로소 하데스와 동일시되었을 것이다. 하데스는 이런 새로운 측면을 추가로 획득하면서 더욱 자연스럽게 망혼들의 제왕으로 인식되기 시작했고, 페르세포네는 데메테르와 연결되었으며, 페르세포네가 납치당해서 지하세계의 왕후가 되었다는 신화도 생겨났다.

하데스의 성격과 페르세포네의 성격을 이렇게 격변시킨 고대 서사시를 생성시킨 관념의 영향력은 워낙 강력해서 결코 사라지지 않았다. 데메테르는 농업여신으로서 널리 인식되었지만, 플루토는 자신의 이름만 겨우 남겼을 따름이다. 하데스는 무섭고 끔찍한 모든 것을 암시하는 죽음의 의미를 시인들에게 끊임없이 상기시켰다. 그

<(하데스에게) 납치당하는 페르세포네|Raub der Proserpina>
독일 화가 겸 예술이론가 알브레히트 뒤러|Albrecht Dürer(1471~1528)의 동판화(1516년 작(作))

렇듯 누구나 죽음을 가장 무서워했지만, 이례적으로 죽음을 용감하게 맞이할 수 있는 신념을 종교에서 습득할 수 있었던 몇몇 강력한 정신의 소유자만은 죽음을 무서워하는 공포심을 극복할 수 있었다.

고대 그리스에서 유행한 관념들의 대부분은 고대 로마에서도 널리 유행했다. 고대 로마에서 디스파테르Dis Pater(또는 디티스파테르 Ditis Pater)는 페르세포네의 남편이자 지하세계의 제왕이었다. 디스파테르는 '갑부'를 뜻하는 라틴낱말 디베스dives에서 유래한 호칭이었을 것이라고 추정된다. 그래서 이 호칭은 "부유한"을 뜻하는 그리스어 형용사 플루톤Pluton을 대신하여 사용되었을 것이다.

고대 로마에서 디스파테르보다 더 일반적으로 언급된 죽음의 신은 오르쿠스였다. 자신의 제물로 점찍은 인간을 은밀히 추적하면서 쥐도 새도 모르게 살해할 기회를 호시탐탐 노리는 신. 전쟁터에서 사투하는 군인을 노골적으로 공격하는 신. 모든 인간을 영원한 안식처로 데려다주는 친절한 신. 암흑 속에서 군림하는 악마. 희생자의 피를 빨아먹으려는 뱀파이어(흡혈귀). 이 모든 면모를 겸비한 오르쿠스는 망혼들의 제왕이기보다는 오히려 죽음을 초래하는 신이다. 우리에게 알려진 오르쿠스는 수확물들을 자신의 방에 축적하는 신이다. 왜냐면 죽음신은 완숙한 농작물을 수확하는 신이라고 상상되었기 때문이다. 그러니까 고대 로마인들은 직접 보고 인식한 죽음이라는 사실만 숙고했지 '망혼들이 획득할 존재형식'을 숙고하지는 않았던 셈이다.

왼쪽부터 삼두 케르베로스, 디스파테르, 메르쿠리우스(헤르메스), 플로라Flora(자연, 봄, 꽃을 상징하는 로마 여신)를 표현한 이 그림은 이탈리아 화가 세바스티아노 갈레오티 Sebastiano Galeotti(1656~1746)가 말년에 완성한 <에로스와 프시케Psyche의 결혼피로 연Convito per le nozze di Amore e Psiche>의 일부분이다. 그리스 신화에서 프시케는 에로스와 결혼하여 신성神性을 획득하는 미녀이고 인간의 영혼을 상징한다.

우리가 죽음-여신들에 관해서 아는 것은 (하데스, 플루토, 오르쿠스 같은) 죽음-남신들에 관해서 아는 것보다 훨씬 더 적다. 예컨대, 고대 로마에서 라레스의 모신母神 라룬다Larunda와 동일시된 침묵여신 데아무타Dea Muta도 죽음-여신이었고 암흑여신 게니타마나Genita Mana도 죽음-여신이었다. 고대 로마인들은 각자의 가족을 죽지 않도록 보살펴달라고 데아무타와 게니타마나에게 빌었다. 데아무타는 라레스의 집합적 별칭이었을 것이고 게니타마나는 마네스의 집합적 별칭이었을 것이라고 추정된다.

서기전 4세기 말엽~3세기 초엽의 에트루리아 도기화에 묘사된 카룬(왼쪽 두 번째)

고대 에트루리아[29]의 망혼관념 및 장례관행의 영향은 고대 로마의 망인관념을 다소나마 변화시켰다. 이탈리아 북부의 도시 만투아 Mantua(만토바Mantova)라는 지명을 파생시킨 고대 에트루리아의 지하신 만투스Mantus는 고대 로마의 디스파테르와 상응한다. 에트루

---

29 【Etruria: 현재 이탈리아 중서부의 토스카나주, 라치오주Lazio州, 움브리아주Umbria州를 아우르는 지역의 고대 지명.】

리아에서 죽음을 초래한다고 상상된 신은 카룬Charun이었다.

왜냐면 에트루리아에 알려지면서 카룬이라는 호칭을 얻은 그리스의 저승뱃사공 카론은 자신이 노리는 희생자들을 도검이나 몽둥이로 살해하려는 흉포하고 무시무시한 존재라고 상상되었기 때문이다. 카론은 청춘도 미모도 사랑도 일절 존중하지 않는다고 상상되었다. 그는 점찍은 희생자들을 사냥하는 존재로, 아니면 그들을 하데스로 데려가는 존재로, 아니면 하데스에서 망령들을 고문하고 괴롭히는 존재로 묘사되었다.[30]

4. 에리니에스(푸리에스)

에리니에스는 지하세계의 정령들이었지만 하데스나 페르세포네와 전혀 밀접하지 않았다. 에리니에스는 그리스 신화에서 의인화되는 저주들인 아라이Arai나 징벌정령들인 포이나이Poinai를 더 많이 닮았다. 그래도 에리니에스의 성격만은 아라이와 포이나이의 성격보다 더 뚜렷하게 묘사되었다. 호메로스의 서사시에서 에리니에스는 '아킬레우스의 말(馬)들을 부리려는 인간의 입에서 발설되는 명령의 효력을 약화시키는 자연법칙'[31]을 강조하거나 '이방인들과 걸인들의 권리를 보호하는 사회법칙'[32]을 강조한다. 에리니에스는 특

---

30 에트루리아의 고분들에서 발견된 그림들 참조.

31 호메로스, 『일리아스』 제17권 제418행.

32 호메로스, 『오디세이아』 제19권 제475행.

<에리니에스(푸리에스)한테 시달리는 오레스테스의 죄책감Les Remords d'Oreste>
프랑스 화가 윌리암-아돌프 부그로William-Adolphe Bouguereau(1825~1905)가 1862
년에 완성한 이 그림의 주인공 오레스테스Orestes는 아가멤논과 클뤼템네스트라
Clytemnestra의 아들이다. 오레스테스는 아비 아가멤논을 살해한 어미 클뤼템네스트라와
그녀의 애인 아이기스토스Aigisthos를 죽여 아비의 원수를 갚지만 어미를 죽인 죄책감에
시달린다.

히 맏이(장남이나 장녀)의 권리들을 수호한다.[33] 고대 그리스 비극시
인 아이스퀼로스Aiskhulos(서기전 525경~456경)와 후대의 시인들은
에리니에스는 특히 '폭력범죄자들과 반反가족적 범죄자들을 응징
하고 처벌하는 정령들'이라고 생각했다. '정의구현에 필요한 몇 가

---

33 호메로스, 『일리아스』 제15권 제204행; 『오디세이아』 제9권 제454행, 제571행.

지 요건을 유효하게 실행시킬 수 있었던 고대 가족의 영향력'을 감안하고 '지하세계에서 에리니에스에게 부여된 위상'마저 기억하는 사람은 '에리니에스는 어쩌면 한때 가족의 정당한 권리들을 침해한 자들을 집요하게 뒤쫓으며 괴롭히던 망령들이었으리라'고 타당하게 추정할 수 있을 것이다. 그래서 에리니에스는 날개를 달았고, 꿈틀대는 독사-머리타래를 길렀으며, 구타용 나무막대기나 채찍을 휘둘러 인간들을 오싹하게 만들어버리는 모든 흉흉한 요소를 겸비한 의인화된 여귀들로 묘사되었다.

숭배의례를 받는 에리니에스는 셈나이Semnai(존귀하신) 또는 포트니아이Potniai(여왕다우신)로 호칭되었고 심지어 에우메니데스Eumenides(친절하신)로도 호칭되었다. 그랬던 까닭은 아마도 두 가지였을 것이다. 첫째, 고대인들은 에리니에스라는 호칭을 몹시 두려워해서 사용하지 않으려 했을 것이다. 둘째, 그들은 비록 그토록 두려운 푸리에스조차도 생인들을 행복하게 해줄 원천이 될 수 있으리라고 상상했을 것이다. 망혼들의 제왕처럼 에리니에스도 농업을 주관했는데, 이것은 에리니에스의 성격을 구성한 두 번째 측면이었다. 에리니에스는 씨앗의 발아를 막거나 농경지를 황폐화시킬 수도 있었지만 긍정적 영향력을 발휘하여 농작물을 풍성하게 생장시킬 수도 있었다. 고대 로마 정치인 겸 작가 마르쿠스 툴리우스 키케로Marcus Tullius Cicero(서기전 106~서기전 43)는 오늘날 우리에게는 거의 알려지지 않은 푸리나이Furrinae로 총칭되던 고대 로마 여신들을 푸리에스와 동일시했다. 그렇지만 오비디우스와 베르길리우스 같은 고대 로마 시인들의 작품들에서 푸리에스로 호칭된 여신들은 그리스의 에리니에스였다.

5. 지하세계의 신화들

하데스 왕국의 신화들은 크게 두 부류로 나뉜다. 첫째 부류는 하데스 왕국을 방문한 생인들의 행적을 다룬 신화들이고, 둘째 부류는 신들을 무엄하게 시험하거나 기만한 생인들의 망혼에게 부과된 특별한 징벌들을 묘사한 신화들이다.

하데스의 입구를 찾아가서 테이레샤스에게 조언을 구하는 오디세우스의 영웅담[34]은 첫째 부류에 속한다. 베르길리우스는 이 영웅담을 『아이네이스』 제6권에서 모방한다. 이 영웅담들의 출발점은 앞에 언급된 고대인들의 신념에서 발견될 수 있다. 그런 신념대로라면, 지상세계에는 지하세계의 입구들이 실재하고 생인들은 그런 입구들에서 지하세계의 망혼을 호출할 수 있다. (호메로스나 베르길리우스 같은) 시인은 그런 입구들로 망혼을 호출하여 예언(네크로만테야 nekromanteia)이나 조언을 발설시키는 수법이야말로 하데스에 거주하는 망혼의 조언을 정확히 전달할 수 있는 유일한 첩경이라고 생각한다. 그래서 영웅의 모험들을 서사하는 시인은 영웅을 하데스로 들여보내는 수법을 사용하여 자신의 시제를 마음껏 확장한다.

---

34 호메로스, 『오디세이아』 제11권.

하데스를 방문했다고 상상된 반신반인들의 영웅담도 첫째 부류에 속한다. 음악의 아버지로 숭상되는 오르페우스가 사랑을 담아서 연주하는 음악은 심지어 하데스의 궐문을 지키는 살벌한 케르베로스마저 감복시킨다. 사랑하는 아내 에우리디케가 전갈의 독침에 찔려 사망하자 오르페우스는 하데스로 내려가서 무자비한 죽음제왕(하데스)을 설득하여 결국 아내를 되찾는다. 그러나 하데스가 오르페우스에게 에우리디케를 돌려주는 조건으로 내건 행동지침을 오르페우스가 준수하지 못하면서 이 영웅담은 비극으로 치닫는다.

<오르페우스와 에우리디케Orpheus And Eurydice>
잉글랜드 화가 겸 조각가 조지 프레드릭 왓츠George Frederic Watts(1817~1904) 작화

그 조건이란 오르페우스가 아내를 데리고 지상세계에 도달하기 전에 아내를 돌아보기만 해도 아내와 영원히 이별해야 한다는 것이었다. 오르페우스는 지상세계에 도달하기 전에 결국 아내를 돌아보고 마는데, 비록 아내와 영원히 이별해야 하더라도 아내를 보고픈 애심을 억누르지 못한 오르페우스가 끝내 아내를 돌아봐버린 순간, 그가 자신의 심중에서 교차하던 만감을 표현해버린 순간, 바로 그 순간이 오히려 여태껏 오르페우스 영웅담을 주제로 삼아 창작하던 예술가들이 선택한 절정의 순간이었다.

테세우스의 동료 피리투스도 페르세포네를 독차지하겠다는 대담한 야심을 실현하려고 하데스로 내려갔다. 또한 헤라클레스도 얼핏 수월하게 보이되 사실은 가장 힘겹고 까다로운 영웅과업을 완수하려고 하데스로 내려간다. 그 과업이 바로 하데스 왕국의 수문견 케르베로스를 지하세계에서 지상세계로 끌어내는 것이었다. 헤라클레스는 아테나의 도움을 받아서 과업을 완수했다. 고대 그리스인들은 '지하세계는 실재하며 지하세계의 모든 것은 사실상 인간의 생활세계와 완벽하게 분리되어있다'고 믿은 자신들의 신념을 바로 이런 영웅담들로 구성된 신화들에 담아서 시적으로 표현했다.

신들을 기만하거나 모욕하다가 하데스에 떨어져 특별한 징벌을 당하는 죄인들의 신화들은 하데스를 묘사한 호메로스의 서사시에서부터 이미 발견된다. 그 모든 징벌신화의 특징은 그런 신화들 속에서 자행된 특별한 죄악들의 논리적 귀결을 지적하여 게시하면서

<탄탈로스>
이탈리아 화가 조아키노 아세레토Gioacchino Assereto(1600~1649)의 1640년 작(作)

그런 죄악들을 범하지 말라고 인간들에게 경고한다는 것이다. 그래
서 심지어 죽음제왕마저 기만한, 간교하기 그지없는 시시포스는 하

데스에서도 가장 음산한 타르타로스의 언덕꼭대기로 밀어 올리자마자 아래로 굴러 내리기 시작하는 바위를 다시 또다시 언덕꼭대기로 힘겹게 밀어 올려야 하는 영원한 징벌을 받는다. 죽어서 타르타로스에 떨어진 탐식가 탄탈로스Tantalos는 아무리 따먹으려고 애써도 매번 자신의 손아귀를 빠져나가버리는 과일들을 바라보며 영원히 굶주려야 하고 또 손으로 아무리 떠마시려고 애써도 매번 자신의 손가락들을 빠져나가버리는 개울물 속에서 영원한 갈증에 시달려야 하는 징벌을 받는다.

호메로스보다 늦게 활동한 시인들의 작품들에서는 하데스에 떨어진 폭군 탄탈로스가 자신의 머리 위에 곧장 떨어질 듯이 아슬아슬하게 매달린 날카로운 검(혹은 거대한 바위)을 영원히 올려다봐야 하는 징벌을 받는다고 묘사된다. 이런 묘사는 영원한 공포심이야말로 잔악한 폭군의 만행에 어울리는 진정한 징벌이라고 암시한다. 라피테스족(Lapithes족: 라피타이Lapithai)의 왕 익시오노스Ixionos(익시온Ixion)도 백성을 고문하고 살해하는 만행을 멈추지 않았다. 그러자 제우스는 익시오노스를 고문용 수레바퀴에 결박하여 영원한 고통에 시달리게 만들었다. 각자의 남편을 살해한 다나이데스(다나오스의 딸들)는 구멍 뚫린 항아리에 물을 가득 채워야 하는 영원한 징벌을 받는다. 왜냐면 욕정은 결코 채워질 수 없기 때문이다. 너무나 소심하고 우유부단하게 살다가 죽어서 타르타로스에 떨어진 남자 오크누스Ocnus(오크노스Oknos)는 만들자마자 당나귀에

<당나귀에게 먹히는 밧줄을 만드는 오크누스>
이탈리아 화가 야코포 로고치Jacopo Ligozzi(1547~1627) 작화

게 먹혀버리는 밧줄을 영원히 만들어야 하는 징벌을 받는다.

그런 징벌들은 죄인들의 망혼에게 보편적으로 강요되지는 않았다. 그런 징벌들의 기능은 오히려 죄악의 결과들을 경고하는 동시에 하데스에서 벌어지는 상황을 꾸미고 과장하는 것이었다.

6. 고대 그리스 미술작품에 묘사된 지하세계[35]

지하세계를 표현한 가장 유명한 고대 그리스 미술작품은 화가 폴뤼그노토스가 그렸다고 알려진 델포이 크니도스인들의 회당 장식화裝飾畵이다. 고대 그리스 여행가 겸 지리학자 파우사냐스Pausanias(110경~180경)가 묘사한 그 장식화에는 지하세계로 내려간 오디세우스, 테세우스, 피리투스 같은 그리스 영웅들, 오르페우스, 타뮈리스Thamyris, 마르샤스Maryas 같은 신화적 음악가들, 아리아드네Ariadne, 파이드라Phaedra, 프로크리스Procris, 에리퓔레Eriphyle, 칼리스토Callisto 같은 신화적 여성들, 트로이 전쟁에 참전한 그리스 군대의 아가멤논, 아킬레우스, 아야스Aias, 트로이 군대의 헥토르, 파리스Paris, 사르페톤Sarpedon, 멤논Memnon 같은 영웅들뿐 아니라 시시포스나 탄탈로스 같은 전형적인 죄인들도 묘사되었다. 요컨대, 폴뤼그노토스가 묘사한 지하세계에 거주하는 인물들의 특징들은 호메로스의 『오디세이아』와 후대의 서사시들에서 묘사되는 해당인물들의 특징들과 매우 흡사하다.

---

35 【페어뱅크스는 이 보충설명문의 소제목에 번호를 매기지 않았다.】

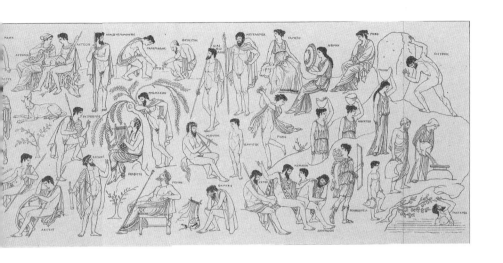

<하데스: 폴뤼그노토스와 파우사냐스가 묘사한 델포이 크니도스인들의 회당 장식화>
독일 고고학 비정기간행물 《할리셰스 빙켈만슈프로그람Hallisches
Winckelmannsprogramm(제16권, 1892년)에 발표된 독일 고전문헌학자 카를 로베르트
Carl Robert(1850~1922)의 논문 「폴뤼그노토스」에 수록된 이 그림은 독일 화가 헤르만 솅
크Hermann Schenck(?~?)가 1892년에 가로로 긴 한 폭짜리로 재현한 것이다. 그림의 좌
측에는 카론의 나룻배와 노를 젓는 카론, 그의 등 뒤에는 누워서 독수리의 공격을 받는 티
티오스, 독수리의 위쪽에는 앉아있는 아리아드네가 있고, 그 위쪽 가운데 상단에는 검을 쥐
고 초혼의례를 실행하는 오디세우스와 지팡이를 땅에 짚은 테이레샤스가 보이며, 거기서
오른쪽으로 리라를 연주하는 오르페우스가 보이고, 맨 우측에는 바위를 굴리는 시시포스,
구멍 뚫린 항아리에 물을 붓는 다나이데스, 굶주리고 목마른 탄탈로스가 묘사되어 있다.

참고자료

1. 망인들의 본성과 내생

1) 망혼들

호메로스, 『오디세이아』 제11권, 제224권.

베르길리우스, 『아이네이스』 제6권.

에드먼드 윌리엄 고스Edmund William Gosse(1849~1928: 잉글랜드 시인 겸 비평가), 『축복받은 망혼들의 섬The Island of the Blest』.

2. 하데스 왕국

1) 하데스의 대강大江들

에드먼드 스펜서Edmund Spenser(1552~1599: 잉글랜드 시인), (미완성 서사시) 『요정 여왕The Faerie Queene』 제1권 제6편 제31~34행.

셰익스피어, 『열둘째 밤(제12야第十二夜)Twelfth Night』 제4막 제1장: "내가 지금 레테 강변에 있다고 상상해보세요."

_____, 『햄릿Hamlet』 제1막 제5장: "…… 레테의 나루터."

_____, 『헨리 4세Henry IV』 제2부 제2막 제4장:

"플루토의 저주받은 호수 …… 에레보스와 극심한 고통이 만연하는 지옥 심처."

존 밀턴John Milton(1608~1674: 잉글랜드 시인), 『잃어버린 낙원Paradise Lost』 제2부: "…… 저마다 재앙의 격류를/ 화염호수火焰湖水로 토해내는 지옥의 4대강/ 사무치는 증오심을 토해내는 끔찍한 스틱스/ 슬프게, 암담하게, 한스럽게 탄식하는 아케론/ 비통하고 처절하게 통곡하는 코퀴토스/ 광포한 화염을 사납게 뿜어대는 뜨거운 플레게톤/ 이 강들 너머 멀리서 천천히 조용하게 흐르는/ 레테, 망각강……"

2) 카론

앨릭잰더 포프Alexander Pope(1688~1744: 잉글랜드 시인), 『던시애드The Dunciad』제3권.

루이스 모리스Lewis Morris(1833~1907: 브리튼 웨일스 학자 겸 시인 겸 정치인), 『하데스 서사시Epic of Hades』.

3) 엘뤼시움

셰익스피어, 『베로나의 두 신사The Two Gentlemen of Verona』제2막 제7장: "내가 파란만장한 삶을 마치고 갈 곳은/ 축복받은 영혼이 안식하는 엘뤼시움."

_____ , 『헨리 6세Henry VI』제3부 제1장 제2막: "엘뤼시움, 시인들이 상상하는 평화롭고 환희로운 모든 것의 집결지."

_____ , 『열둘째 밤』제1막 제2장.

존 밀턴, 『코머스Comus』(가면극용 희곡).

윌리엄 쿠퍼William Cowper(1731~1800: 잉글랜드 시인), 『착오의 진전Progress of Error』.

앤드루 랭Andrew Lang(1844~1912: 스코틀랜드 시인, 소설가, 문학평론가, 인류학자), 『축복받은 섬들Fortunate Isles』.

프리드리히 쉴러Friedrich von Schiller(1759~1805: 독일 시인, 철학자, 극작가, 역사학자), 「엘뤼시움」.

퍼시 비쉬 셸리Percy Bysshe Shelley(1792~1822: 잉글랜드 시인), 「나폴리 송가Ode to Naples」제30연.

앨저넌 찰스 스윈번Algernon Charles Swinburne(1837~1909: 잉글랜드 시인, 소설가, 극작가, 평론가), 「페르세포네의 정원The Garden of Proserpine」.

4) 타르타로스

밀턴, 『잃어버린 낙원』제2부 제858행: "…… 이토록 음울한 타르타로스의 심처."

3. 하데스와 페르세포네

베르길리우스, 『농업(조르직스Georgics;게오르기카Georgica)』 제4권.

퀸티우스 호라티우스, 『송시집Odes(카르미나Carmina)』 제2권 제14송시 제
7행: "…… 무자비한/ 플루토"

제프리 초서Geoffrey Chaucer(1343~1400: 잉글랜드 시인), (『캔터베리 이야기
들The Canterbury Tales』에 포함된) 「기사 이야기Knightes Tale」 제1224행: "그곳
에서 플루토는 암흑구역을 다스린다."

에드먼드 스펜서, 『요정 여왕』 제1권 제4편 제11행: "플루토에게 납치된
딸은/ 슬픔에 잠긴 페르세포네, 지옥여왕."

로버트 헤릭Robert Herrick(1591~1674: 잉글랜드 시인 겸 성직자), 「그의 시대
His Age」 제7행: "아무도 막을 수 없었던/ 페르세포네의 가혹한 운명."

셰익스피어, 『티투스 안드로니쿠스Titus Andronicus(타이터스 앤드로니커
스)』 제4막 제3장.

앨릭잰더 포프, 「인격자의 노래Song by a Person of Quality」 제17행 이하: "음울
한 공포제왕 플루토가/ 단단한 쇠사슬로 무장하고/ 나를 수정거울들로
데려가니/ 촉촉하고 포근한 엘뤼시움 들판이 보이네."

4. 에리니에스(푸리에스)

베르길리우스, 『아이네이스』 제4권 제384행, 제7권 제477행, 제8권 669행.

오비디우스, 『변신담』 제4권 제490행, 제11권 제14행.

에드먼드 스펜서, 『소네트Sonnet』 제75번: "…… 뱀-머리카락을 기른 푸리
에스 ……"

_____, 『요정 여왕』 제1권 제3편 제36행, 제5편 제31행: "캄캄

한 지옥의 푸리에스"

셰익스피어, 『율리우스 카이사르(줄리어스 시저)』 제3막 제1장: "그가 지옥불에 먹히리니"

밀턴, 『잃어버린 낙원』 제2부 제596행: "저 잔인무도한 푸리에스를 보라."

앨릭잰더 포프, 「세인트 세실리어【Saint Cecilia(상타 카이킬리아Sancta Caecilia: ?~230년경): 고대 로마제국에서 순교한 기독교인이자 음악인들의 수호성녀.】 축일찬양송시Ode for Music on St. Cecilia's Day」 69행: "푸리에스는 각자의 쇠침대에서 잠드니/ 그들의 뱀-머리카락들도 잠드네."

프리드리히 쉴러, 『이뷔쿠스의 두루미들Die Kraniche des Ibykus』【이뷔쿠스 Ibykus: 서기전 6세기 후반에 활동한 그리스 서정시인 이뷔코스Ibykos.】: "소름끼치도록 무서운/ 에리니에스의 노랫소리……"

5. 지하세계의 신화들

1) 오르페우스

오비디우스, 『변신담』 제10권 제1행 이하.

셰익스피어, 『헨리 8세』 제3막 제1장.

_____, 『베니스(베네치아) 상인Merchant of Venice』 제5막 제1장.

_____, 『베로나의 두 신사』 제3장 제2장: "시인들의 기운이 오르페우스의 리라를 튕기니……"

밀턴, 「리시더스Lycidas(뤼키다스Lykidas)」 제58행.

____, 「친절한 사람Il Penseroso」 제105행.

____, 「명랑한 사람L'Allegro」 제145행 이하: "그 음악이 플루토마저 감동시키니/ 그는 바야흐로/ 에우리디케를 절반은 되찾은 셈이라."

앨릭잰더 포프, 「여름Summer」 제81행 이하; 「세인트 세실리어 축일찬양송시」 제5연.

퍼시 비쉬 셸리, 『오르페우스』.

제임스 러셀 로월James Russell Lowell(1819~1891: 미국 시인, 평론가, 외교관), 「에우리디케」.

월터 새비지 랜더Walter Savage Landor(1775~1864: 잉글랜드 시인), 「오르페우스와 에우리디케」(『마른 나뭇가지들Dry Sticks』).

윌리엄 워즈워스William Wordsworth(1770~1850: 잉글랜드 시인), 「음악의 위력Power of Music」.

로버트 브라우닝Robert Browning(1812~1889: 잉글랜드 시인 겸 극작가), 「오르페우스를 뒤따르는 에우리티케Eurydice to Orpheus」.

루이스 모리스, 「오르페우스」(『하데스 서사시』).

에드먼드 윌리엄 고스, 「에루이디케의 회생The Waking of Eurydice」.

2) 시시포스

에드먼드 스펜서, 『요정 여왕』 제1권 제5편 제35행: "거대한 바위를 언덕으로 밀어올리는 시시포스……"

윌리엄 쿠퍼, 『착오의 진전』.

에드워드 벌워-리턴Edward Bulwer-Lytton(1803~1873: 잉글랜드 소설가, 시인, 극작가, 정치인), 「죽음과 시시포스Death and Sisyphus」.

루이스 모리스, 「시시포스」(『하데스 서사시』).

3) 탄탈로스

에드먼드 스펜서, 「사랑찬가A Hymne in Honour of Love」 제200행; 『요정 여왕』 제1권 제5편: "…… 갈증에 시달리는 탄탈로스."

밀턴, 『잃어버린 낙원』 제2부 제611행: "…… 탄탈로스의 입술을 피해 달아나는 개울물."

루이스 모리스, 「탄탈로스」(『하데스 서사시』).

4) 익시오노스

에드먼드 스펜서,『요정 여왕』제1권 제5편: "고문차륜에 결박된 익시오노스 ……"

앨릭잰더 포프,「세인트 세실리어 축일찬양송시」제67행: "오, 시시포스여, 그대는 여전히 바위를 밀어 올리는데/ 익시오노스는 고문차륜에 결박되어 ……"

_____,『절취당한 머리타래The Rape of the Lock』제2부.

로버트 브라우닝,「익시온Ixion」(『농담기담집弄談奇談集(Jocoseria)』.

제4편

베르길리우스의 하데스 묘사법

<지하세계로 내려간 아이네야스The Descent of Aeneas into the Underworld>
프랑스에서 1530년경에 활동한 『『아이네이스』의 화백Master of the Aeneid"이라고 알려
진 화가가 1530~1540년에 그린 이 그림의 우측상단에는 쿠마 무녀와 아이네야스가 나란
히 서있고, 좌측에는 카론이 아케론 강변에서 망혼들을 승선시킨 자신의 나룻배를 출발시
킨다. 그림 중앙에 있는 삼두 케르베로스의 벌어진 거대한 아가리는 하데스의 입구이다.

베르길리우스의 서사시 『아이네이스』 제6권에서 표현된 철학적 관념들의 모순들은 여태껏 이따금 주목받았다. 그러나 어떤 합리적 원칙도 그런 모순들을 해명하지 못했다. 더욱이 그런 모순들 중에 몇몇은 확연하다. 예컨대, 우리는 베르길리우스의 서사시에 묘사된 하데스의 중립지대에서 망혼들이 재판을 받는다는 대목만 발견할 수 있고 유죄판결이나 무죄판결을 받은 망혼들에게 내려진 어떤 처분도 발견할 수 없다. 우리는 망혼들의 이동과정을 완전히 파악할 수 있다. 그런데도 망혼들은, 마치 전혀 이동하지 않는 듯이, 타르타로스와 엘뤼시움이라는 두 처소에만 고정되어 붙박인다.

베르길리우스의 서사시에서는 로마 역사상 실존인물들의 망혼들이 밟는 정화절차가 전혀 설명되지 않는다. 예컨대, 아이네야스의 아비 안키세스는 (중요한 예외인물로 간주되어서 그랬는지) 정화절차를 밟지도 않을뿐더러 자신의 육신으로 확실히 복귀하지 않는데도 그런 사연은 전혀 설명되지 않는다.

　그런데 『아이네이스』에 묘사된 지옥Inferno의 철학적 측면들이 아무리 많은 모순점을 내포했어도, 그 서사시에 사용된 묘사법은 여태껏 거의 주목받지 못한 어떤 일관성마저 겸비한다. 물론 철학은 완전히 모순될 수도 있다. 그러나 지하세계를 묘사한 작품에서 창출된 감동이 상상력 넘치는 사고력에 끼치는 영향은 일관된 통일성을 띨 수 있다. 장소들을 생생하게 가시화하는 베르길리우스의 묘사솜씨와 그것의 예술적 가치는 아주 유명하다. 예컨대, 사나운 폭풍우를 헤치고 항해해온 트로이 사람들을 맞이하는 항구를 묘사한 베르길리우스의 솜씨는 가히 압권이다. 어떤 장소나 장면의 본질적 속성을 정확하게 포착하여 독창적인 형용어구들과 명쾌한 표현들로써 묘사하는 그의 솜씨는 그런 장소나 장면을 아주 생생하고 선명하게 재현하여 독자에게 전달한다. 그러나 시인 베르길리우스는 돌아갈 수 없는 해변의 바다로 오직 상상 속에서만 돌아갈 수 있었다. 그는 어쩌면 지하 깊은 곳의 짙은 안개에 감싸여 숨어있는 것들을 그의 육안으로도 알아볼 수 있는 곳에까지 그를 안내해달라고 뮤즈[1]에게 호소했을 것이다. 그는 그곳에서 문학원료들을 발견하고 이용할 수 있었을 뿐만 아니라 틀림없이 그것들에서 암시들마저 얻

---

1 【Muses: 이 낱말은 그리스 신화에서 특히 시詩와 음악을 위시한 문학·학문·예술의 영감靈感을 관장하는 아홉 여신(9여신九女神)의 영어식 총칭이다. 실제로는 '뮤지스'로 발음되는 이 총칭의 영어식 단수형 명칭이 '뮤즈'이다. 독일어식 총칭은 '무젠Musen'이고 단수형 명칭은 '무제Muse'이다. 이 총칭들은 각각 칼리오페Calliope(칼리페Kallipe), 클리오Clio(클레요Kleio), 에우테르페Euterpe, 에라토Erato, 멜포메네Melpomene, 폴뤼휨니아Polyhymnia, 테릅시코레Terpsichore, 탈리아Thalia, 우라니아Urania로 호칭되는 아홉 여신의 그리스어식 총칭 '무사이Musai'에서 유래했다.】

<안키세스를 왼쪽어깨에 짊어지고 트로이를 탈출하는 아이네야스Énée portant Anchise>
프랑스 화가 카를 방 로Carle van Loo(1705~1765)의 1729년 작(作)

어냈을 것이다. 이런 묘사법을 대표하는 것은 호메로스의 『오디세이아』에서 사용된 네퀴야(초혼의례)였지만, 그것은 베르길리우스의 서사시에서 사용된 네퀴야와 매우 달랐다.

호메로스는 객관적 묘사법을 사용했다. 객관적으로 묘사되는 사물은 스스로 존재하고, 또 그렇게 먼저 존재해야만 그 사물의 성질들이 시인의 영혼을 감동시킬 수 있다. 호메로스는 하데스를 에둘러 묘사할뿐더러 오직 가장 막연한 용어들만 사용하여 묘사한다. 그의 네퀴야는 망혼을 상대한 문답들로 거의 잔뜩 채워진다. 호메로스가 비가시적 영역들을 표현하는 묘사들에 관심을 쏟기보다는 오히려 이런 객관적 문답들에 관심을 쏟는다는 사실은 자명하다. 상황을 주관적으로 파악하지 못하는 그의 무능력은 대체로 이런 객관적 묘사법에서 비롯하는 것이 틀림없다.

베르길리우스는 하데스를 시종일관 주관적으로 묘사한다. 이런 주관적 묘사법은 시인 베르길리우스의 기분에서 유래했다. 그는 지상세계를 떠난 혼령들의 운명을 오랫동안 곰곰이 생각했다. 지하세계를 표현하는 그의 묘사법은 본질적으로 그의 '동정심'과 '아름다움을 추구하는 감정'에 흠뻑 젖은 명상적 기분의 소산이다. 물론 그는 자신의 선배들이 비가시적 영역들을 두고 했던 말들을 모조리 무시하지는 않았다. 그는 자신이 들어서 아는 것들을 그대로 전달할 따름이라고 주장했지만, 그런 주장은 허구에 불과했다. 그가 우리에게 묘사해주는 지옥은 단지 그가 나름대로 해석한 지옥에 불과하다. 그래도 호메로스나 여타 작가들의 막연한 묘사법과 비교되는 베르길리우스의 정밀한 묘사법 자체는 베르길리우스의 독창성을 대변한다. 베르길리우스는 가장 막연한 종류의 필수요소들을 인상적으로 묘사하는 데 성공했다. 그는 자신이 알고 향락하던 세계에 비하면 지하세계가 더 어둡다고 분명하게 실감했다. 게다가 다른 작가들이 묘사한 지하세계의 모습에 비하면 베르길리우스가 묘사한 지하세계는 현실세계와 거의 흡사했다. 베르길리우스의 정직성과 예민한 감수성은 이런 묘사법에 가장 크게 이바지했다.

지금 내가 전개하는 논의는 지옥의 지리학과 거의 혹은 전혀 무관한 것일 수 있다. 지리학은 철학적 관념들과 얼마간 관련되고, 그런 관념들의 모순들을 공유하므로, 하데스를 표현하는 묘사법의 일반적 인상과 거의 혹은 전혀 무관하다.

베르길리우스가 묘사한 지옥의 현저한 특징은 어둠이다. 그가 망혼들의 거주지에 부여하는 조건은 다른 작가들이 부여하는 조건과 흡사하다. 그런 조건에서는 빛이 물러난 자리에 어둠이 드리운다. 그러나 베르길리우스는 이런 조건의 특성을 자신의 지옥도地獄圖에 표현할 수 있는 기회를 한 번도 놓치지 않는다. 그런 특성은 하데스의 분위기를 창출한다. 물론 그가 어둠의 희생자들을 제물로 삼는 모순을 범했다고 비판한 사람들도 있다. 왜냐면 그런 비판자들은 지하세계에서도 도덕법칙이 지배할 것이라고 상상하기 때문이다. 베르길리우스가 묘사한 희생자의 피부색도 문제시되곤 하지만, 그런 피부색은 어쩌면 베르길리우스가 하데스의 어둠을 예표하느라 사용한 묘사법의 단순한 결과에 불과할 것이다. 또한 "하데스의 입구에 도달하는 길은 오직 숲들을 통과하는 길뿐이며 코퀴토스의 출렁이는 시커먼 강물이 하데스를 휘감듯이 흐른다"는 그의 묘사도 하데스의 어둠을 예표하려는 그의 의도에서 비롯했을 것이다.

하데스의 입구는 시커먼 늪과 음산한 숲들에 감싸여 있다. 아이네야스와 쿠마 무녀가 플루토의 궁궐로 들어서는 순간에 어둠의 예표는 완전히 실현된다. 왜냐면 아이네야스와 쿠마 무녀는 적막한 밤의 어둠을 뚫고 은밀하게 플루토의 궁궐로 접근했기 때문이다.

그리고 유피테르(제우스)가 하늘을 어둠속에 숨기면, 아이네야스와 쿠마 무녀가 더듬거리며 걸어가는 음산한 숲속의 오솔길을 드문드문 비치던 희미한 달빛마저 사라져버리고, 캄캄해진 밤은 모든 사물의 형체를 삼켜버린다.

모든 사물은 나름대로 보편적 어둠을 공유한다. 하데스의 해자垓字에 도사린 다두괴물多頭怪物 히드라Hydra는 시커먼 동굴 같은 아가리들을 가졌고, 카론의 나룻배는 거무튀튀하며, 망혼들의 거주지들에는 햇빛 한 줄기 비쳐들지 않고, 느릅나무와 작은 숲도 시커먼 그림자를 거느릴 뿐 아니라 굽잇길들마저 어두컴컴하고, 심지어 엘뤼시움의 드넓은 초원도 전반적으로는 밝지만 자욱한 안개에 감싸여 있다. 카론이 말하듯이, 그곳은 어두운 그림자들의 처소, 잠자거나 졸음에 젖은 밤의 처소이다.

<코퀴토스>
단테의 「지옥」에 수록된 귀스타브 도레의 삽화

  그래서 엘뤼시움조차 지하세계에 만연하는 음침한 분위기를 완
전히 벗어나지 못한다. 음산한 암흑에 휩싸인 캄캄한 밤은 엘뤼시
움 초원의 아직 태어나지 않은 혼령들 중 하나의 이마를 에워싼다.
중립지대의 보편적 암흑 속에서 우리는 오직 디도²의 모습만 겨우

2 【Dido(엘리사Elissa): 그리스 신화에서 디도는 자신의 남편을 자신의 오라비 뛰그말리온이 살해하자 북아
  프리카 해안으로 달아난다. 그곳에서 디도가 추장 아케르바스Acerbas로부터 매입한 땅에 건설한 카르타
  고Carthago는 빠르게 번성한다. 그러자 아케르바스가 디도에게 청혼하면서 집요하게 지분거린다. 그의
  청혼을 거부하려던 그녀는 널따란 공터에 장작더미를 쌓고 그 위에 올라서서 자신의 복부를 검劍으로 찔
  러 자살한다. 그런데 베르길리우스의 『아이네이스』에서 디도는 트로이 영웅 아이네야스와 동시대인으로
  묘사된다. 디도는 아프리카를 방문한 아이네야스와 사랑에 빠져든다. 그러나 어느 날 카르타고를 떠나라
  는 유피테르(제우스)의 명령을 받은 아이네야스는 자신의 검을 정표情表로 그녀에게 남겨두고 떠나버린
  다. 절망한 디도는 자신의 여동생을 시켜서 준비한 장작더미 위에 올라서서 아이에야스의 검을 거꾸로 세
  워놓고 자신의 상반신을 그 검을 향해 날려서 자살한다.】

알아볼 수 있을 따름이다. 왜냐면 아이네야스가 그런 암흑 속에서 희미한 디도의 모습을 알아보기 때문이다. 아이네야스에게 디도는 마치 가물가물한 초승달처럼 보이거나 구름들 사이를 가뭇가뭇 지나가는 달처럼 생각된다.

지옥의 음산한 분위기를 고양하는 유일한 빛줄기는 오직 죽음의 왕국으로 파고드는 사랑의 빛뿐이다.

지하세계를 표현하는 베르길리우스의 묘사법을 지배하는 또 다른 특성은 장대한 규모이다. 모든 것은 장대하게 묘사된다. 아마도 이런 묘사법은 사물들의 크기를 아예 없애버리는 어둠의 부수효과일 것이다. 그러나 베르길리우스의 시적 상상력이 망혼들의 수많은 세대에게 각각 부합하는 공간들을 마련해주려고 그토록 널따란 영역들을 창조했을 가능성은 더 농후하다. 중립지대에 거주하는 망혼들은 가을의 첫서리를 맞으며 떨어지는 낙엽들만큼이나 많고 임박한 겨울의 혹한을 피해서 바다건너 양지바른 땅으로 날아가는 길에 쉬어갈 만한 해안지대로 몰려드는 철새들만큼이나 많다. 또한 햇빛 찬연한 여름날에 피어난 갖가지 꽃에서 꿀을 빨아먹으며 하얀 백합꽃들의 주위에 군생하는 무수한 꿀벌들만큼이나 많은 망혼이 엘뤼시움에서 정화되기를 기다린다.

아이네야스는 거대하고 깊은 골짜기를 통과하여 하데스로 내려간다. 그의 행선지 타르타로스는 하데스보다 두 배나 더 깊은 지하심처에 있다. 타르타로스에서는 올림포스 산이 하늘마저 뚫을 듯이 거

<디도의 죽음La morte di Didone)>
이탈리아 화가 궤르치노Guercino(1591~1666)의 1631년 작(作)

대하고 드높게 보인다. 타르타로스의 느릅나무는 거대하고, 디도가
길을 잃고 헤매는 그곳의 숲은 드넓으며, 그곳에 서식하는 히드라와
독수리도 거대하고, 그곳의 망령들이 올림포스 산비탈로 밀어 올려
야 하는 바위도 거대하며, 그곳을 지키는 케르베로스도 거대하다.

　베르길리우스가 묘사한 하데스에서는 망령들의 침묵도 한 자리
를 차지한다. 하데스의 구역들은 그런 침묵 속에서 뻗어나가며 확

장한다. 영원한 밤은 적막하다. 숲은 고요하다. 심지어 조언을 의뢰받는 위원회도 침묵하는 망령들로 구성된다. 보편적 침묵을 깨는 소리들이 간간이 발생하지만, 그런 소리들은 상황의 공포분위기를 증폭하려는 묘사법의 필수요소들이다. 특히 하데스의 입구에서 발견되는 영아들의 울음소리, 쇠사슬의 쩔거덩거리는 소리, 타르타로스에서 울려나오는 흉흉한 바람소리는 공포분위기를 증폭하는 효과를 확실하게 발휘한다. 하데스의 거주자들과 방문자들이 대화할 수도 있지만, 그런 대화는 서사를 진척시키는 단순한 장치에 불과하다. 그래서 베르길리우스가 생각하는 평범한 상황의 개념은 아마도 '그리스 망혼들이 하품하듯 시늉하며 내뱉는 가냘픈 탄식소리'로서 표현될 것이다.

베르길리우스는 영혼의 허망한 성격을 어느 정도 알았을 것이다. 그래서 그가 묘사한 지하세계는 적막하고 플루토의 본거지는 공허하다. 베르길리우스는 어쩌면 '하데스는 모든 미래인의 혼령마저 충분히 수용할 만큼 광대하다'고 보는 자신의 견해마저 독자들에게 전달하고자 염원했을 것이다. 하데스의 그런 특성은 '거대한 규모와 적막한 침묵도 지하세계의 특징들이다'라고 보는 견해와 다소 관련될 것이다. 지하세계는 허망한 꿈들에게 어울리는 처소이다. 그곳에서는 신화 속의 끔찍한 유령들이 인간의 도검에 가격당해도 흠집조차 나지 않는 허상들로 표현된다. 이렇게 표현하는 베르길리우스의 견해는 무수한 망혼을 스러지는 무수한 낙엽에 비유하는 그의 직유법을 다소나마 적절한 묘사법으로 보이게 만든다. 우리는 심지어 엘뤼시움에서도 끈질기게 존속하는 이런 허상들의 특징을 발견한다. 왜냐면 그곳에서는 아이네야스가 발견하고 껴안으려던 아비(안키세스)의 허상이 변덕스러운 실바람처럼, 덧없는 꿈처럼, 아이네야스의 양손을 빠져나가버리기 때문이다. 하데스의 이런 구역들에는 불가사의한 비밀이 가득하지만, 베르길리우스는 하데스의 비현실성을 가장 선연하게 현실화했다. 허망한 망령들의 안개 자욱한 영토는 막강한 아이네야스의 인간적 육체와 기묘하게 대비된다.

그러나 하데스를 표현하는 베르길리우스의 묘사법에 가장 현저한 특징을 부여하는 것은 차라리 끔찍하도록 흉측하게 묘사되는 죽음의 참상이다. 베르길리우스가 내생에 걸 수도 있었을 희망과 무관하게, 죽음이 즉각 드러내는 흉측한 면모는 베르길리우스의 눈을 피해갈 수 없었다. 그는 죽음을 겨냥한 이런 혐오감을 다양한 방식으로 표현하려고 애썼다.

하데스의 입구에는 인간의 진입을 불허하는 날카로운 바위들, 시커먼 늪과 웅덩이, 음산한 숲들을 겸비한 거대하고 깊은 골짜기가 도사린다. 골짜기의 음산한 입구는 지독한 악취를 풍기는 증기를 내뿜는다. 하데스의 궐문으로 이어지는 길가에는 끔찍하도록 흉측한 잡귀들이 모여앉아 험악한 분위기를 조성한다. 그들은 인간의 고통이나 죽음에 결부된 모든 증오스러운 조건을 상징한다. 그곳에는 비탄귀신들과 근심귀신들이 웅크려 앉아있다. 창백한 질병귀신들은 그곳에 아예 터를 잡았다. 음울한 노환귀신, 공포귀신, 아귀, 빈곤귀신, 살귀, 고난귀신도 그곳에 머문다. 다른 음흉한 어떤 의도를 품은 잠귀신(기면귀신嗜眠鬼神)도 잡귀무리에 합류한다. 그러나 세속적 쾌락귀신들은 죽음을 초래하기 일쑤여서 저마다 선호하는 자리에 교묘하게 도사린다. 또한 치명적인 전쟁귀신도, 피에 젖은 머리띠로 각자의 독사-머리타래를 동여맨 응징여귀들(푸리에스)과 사나운 불화여귀不和女鬼도 그곳에 머문다. 그리스 신화에 나오는 괴물들의 모습이 그런 잡귀들의 흉측한 모습에 더해진다. 아케론에는 부글거리는 흙탕물이 흐르고, 그 흙탕물은 토사를 코퀴토스로 내뱉는다. 냉혹한 뱃사공 카론은 추잡한 악담을 일삼고 텁수룩한 수염을 지저분하게 길렀으며 불길을 내뿜는 핏발서린 두 눈을 부라리고 누더기 같은 옷을 걸쳐서 끔찍하게 흉측하다. 카론이 노를 저으며 암시하듯이 툭툭 내뱉는 말들은 공포분위기를 배가한다. 카론의 나룻배를 타고 아케론을 건넌 망혼들을 기다리는 것은 더러운 진흙탕과 잿빛 잡초뿐이다. 아케론의 그런 강변풍경은 지독하게 음산하고, 강물은 칙칙하고 무자비하며, 하데스의 모든 장소는 거칠고 황량하고, 기후는 험악하다.

베르길리우스는 자신의 상상력을 총동원하여 타르타로스를 묘사하고, 유죄판결을 받은 망혼들에 부과된 극형들을 묘사한다. 불강(火江), 피투성이 망토를 걸치고 뱀들을 부려서 유죄망혼들을 징벌하는 티시포네,[3] 처절한 신음소리와 비명소리, 쇠사슬들의 쩔거덩거리는 소리, 여닫힐 때마다 삐걱거리는 문짝들, 동굴 같은 아가리를 50개나 가진 히드라, 티티오스를 괴롭히는 영원한 징벌.

이런 세부묘사들 중에 과연 어느 것이 생략될 수 있었겠는가? 아무리 많은 혀와 아무리 강력한 목소리도 타르타로스의 끔찍한 참상을 정확하게 재현하지 못했을 것이다.

여기서 시인 베르길리우스의 묘사력은 논외로 간주되더라도, 그의 묘사법이 종교적 의도의 작용을 받는다는 사실은 자명하게 보인다. 그래서 타르타로스는 지상세계의 악인들을 겨냥한 소름끼치는 경고만큼이나 소름끼치게 묘사되어야 했다. 그러나 이런 묘사의 의도는 죄악과 죽음의 밀접한 관계 — 베르길리우스의 관점에서는 명백한 듯이 보였을 관계 — 를 해명하는 것이 아니었다. 그는 죄악과 죽음을 연계시켜 연상하며 느낀 감정에 휩싸여서 지옥을 묘사해 나갔다. 그의 묘사법은 주관적 묘사법을 예시하는 탁월한 본보기이다. 그의 온유한 영혼은 비록 죽음의 불가해한 신비에 홀렸어도 죽음의 흉측한 추상을 저어하고 꺼렸다. 종교적 의도나 수사학적 의도는 그의 묘사법에 우연히 부수적으로 이바지한다. 아이네야스는 하데스의 무서운 위험들마저 용감하게 무릅쓰므로 영웅의 척도에 정확히 부합한다. 그렇게 조성된 아이네야스의 활동무대에서 안키세스는 로마 역사의 미래에 출현할 영웅들의 영혼들을 예시할

---

3 【티시포네Tisiphone(틸푸시아Tilphousia)는 알렉토Alecto, 메가이라Megaera와 함께 에리니에스(푸리에스)의 일원이고, 흉악살인자들의 망혼을 징벌하는 타르타로스의 수문장이다.】

<티티오스와 그의 창자를 뽑아먹는 독수리>
에스파냐 화가 주세페 데 리베라Jusepe de Ribera(1591~1652) 작화

수 있다. 그러나 이런 의도들이 차치되더라도, 가장 먼저 감안되어
야 할 중대한 요인은 베르길리우스가 하데스를 묘사하는 작업에 완
전히 몰두했다는 사실이다. 그런 작업에 그가 쏟은 열렬한 관심은
그런 작업에 그가 사용한 묘사법의 본질적 독창성을 충분히 보증한
다. 그래서 그의 서사시는 비록 다른 표현법들의 모순들 — 우리가
확신할 수 있다시피, 그는 전혀 대수롭잖게 여겼을 모순들 — 을 포
함할지언정, 오히려 바로 그런 모순들이 또 다른 종류의 지극히 현
실적인 일관성을 창출한다.

거대한 미지세계이자 모든 인류의 수상쩍은 숙명인 죽음은 베르길리우스에게 어두운 그림자를 드리운다. 퀸티우스 호라티우스의 관점에서 이 그림자는 현재시간에 맛볼 수 있는 환희들에 서둘러 동참하라고 인간들을 재촉하는 역할을 담당한다. 죽음의 캄캄한 밤을 예감하는 평범한 사람은 '인생의 모든 것을 만끽해야 하며 또 그래야만 자신의 영혼이 환희를 느껴서 완전히 망각되지 않도록 구원받으리라'고 믿는다. 베르길리우스는 그렇게 믿지 않는 다른 기질을 타고났다. 그는 망인의 운명을 숙고하고 성찰해야 한다고 믿었다. 왜냐면 베르길리우스는 하데스에서 고통스럽게 연명하느니보다 지상에서 가난하고 고생스럽게 살아가는 편이 더 낫다고 믿었기 때문이다. 그러나 아마도 그가 실제로 품었을 이런 현실적인 믿음도 중요한 유보조건 — 어쩌면 모순으로 간주될 수도 있을 유보조건 — 을 내포한다. 지하세계의 보편적 암흑 속에서도 유일하게 밝고 평화로운 구역이 발견된다. 그 구역에는 행복한 터전들, 아름다운 숲들, 축복받은 안식처들이 있다. 그 구역의 초원에는 찬연한 자줏빛을 발산하는 더 포근한 공기가 감돈다. 그 구역에 거주하는 망혼들은 그들만의 태양과 그들만의 별들을 가졌으며 놀이하고 노래하는 복락을 누린다. 그곳에는 하데스의 악취를 대신하는 월계나무 향기가 은은하게 감돈다. 그곳은 치명적인 전쟁터가 아니라 안온한 평화구역이다. 그곳에는 격노한 화염을 내뿜는 불강(플레게톤)을 대신하는 아름다운 강 에리다누스Eridanus가 흐른다. 우리는 그곳에서 암흑을 대신하는 자줏빛 광휘, 백설에 덮인 들녘의 이랑들, 반짝이는 초원을 본다.

이런 것들을 포함하는 『아이네이스』 제6권에서 하데스는 베르길리우스의 사상을 지배한다. 자신의 시대를 짓누르던 보편적인 우울 감정을 공유한 베르길리우스는 거의 우주적인 비관주의에 어울릴 만한 묘사법을 구사한다. 그러나 이 시인의 정신은 인류에게 희망을 주는 미래상을 포착했다. 그런 미래상이 실현되는 곳에서 덕행은 보상받고 순수한 복락들은 두루 만끽된다. 그래서 비록 엘뤼시움의 복락이 완전하지는 못하고 또 심지어 그곳의 여기저기에서 슬픈 눈물, 충족되지 못한 사랑, 불길한 징조들이 발견되더라도, 베르길리우스가 묘사한 엘뤼시움의 초원은, 음울하고 드넓은 숲의 황금 가지처럼, 미래를 기대하는 희망을 계시한다. 그리고 베르길리우스의 알레고리allegory(비유법)가 너무 심하게 강조되지만 않는다면, 지옥을 표현한 그의 묘사법은 절망에서 희망으로 나아간 그의 사상의 발달과정을 재현할 뿐 아니라 어둠에서 빛으로 나아가는 인류의 진보과정마저 재현한다고 평가될 수 있다.

찾아보기

케르베로스

하데스의 지옥문을 지키는 개

초 판 1쇄 인쇄 2022년 6월 20일

지은이 모리스 블룸필드 외
옮긴이 김성균
편 집 강완구
펴낸이 강완구
펴낸곳 써네스트
브랜드 우물이 있는 집
디자인 S-design

출판등록 | 2005년 7월 13일 제 2017-000293호

주 소 | 서울시 마포구 망원로 94, 2층

전 화 | 02-332-9384   **팩 스** | 0303-0006-9384

이메일 | sunestbooks@yahoo.co.kr

ISBN | 979-11-90631-48-8 (93290)   값 14,000원

우물이 있는 집은 써네스트의 인문브랜드입니다.

2022 .06. --